AF479403

LA
CONVENTION

INDUSTRIELLE ET LIBÉRALE

OU

LES ÉTATS GÉNÉRAUX DU TRAVAIL

PAR

Le docteur Antoine-Édouard Foleÿ

Ancien Élève de l'École polytechnique, Lieutenant de vaisseau démissionnaire
Disciple d'Auguste Comte et l'un de ses treize exécuteurs testamentaires

In hoc signo vinces !

PARIS

ARMAND LE CHEVALIER, ÉDITEUR

61, Rue de Richelieu, 61.

—

1872

PARIS

IMPRIMERIE DE E. BRIÈRE

257, rue Saint-Honoré, 257

INTRODUCTION.

Mon cher et bon Docteur,

Puisque, malgré tous nos malheurs, mes rêveries, visions et (peut-être aussi) prévisions positivisto-socialistes vous intéressent encore ; souffrez, en attendant que j'aie remis en ordre mes papiers de Rome et de Sainte-Pélagie, que je vous raconte ce que j'ai entendu pendant le second siége de Paris.

Salut et vénération,

EGO.

LA
CONVENTION INDUSTRIELLE
ET LIBÉRALE.

I.

C'est la nuit du Samedi 11 mars 1871. Nous sommes blottis, Lucifer et moi, dans le coin le plus obscur du club des ? ....Constituants, si vous voulez.... au ci-devant faubourg Antoine. Le vénérable picopo de Korororéka préside ; et maître A ⊹ B, prenant la parole, se met à pérorer comme il suit :

Messieurs et chers Concitoyens, ou mieux, Compatriotes,

Nous sommes en République et désirons, très-sagement, y rester.

Or, un gouvernement quelconque n'a, pour se maintenir, que deux moyens : la force ou l'affection.

Donc, examinons lequel de ces deux procédés est le plus efficace.

Louis XVI fit sabrer le peuple sur la place de la Concorde. Sur cette même place de la Concorde, Louis XVI fut sabré, à son tour, par l'instrument que son homonyme avait perfectionné ; pour que, précisement, il coupât comme un sabre.

La Terreur employa la guillotine, sous notre première République. Sous notre première République, la Terreur fut à son tour guillotinée.

Le Directoire employa l'exil. Le Directoire fut exilé.

Le Consulat et le premier Empire ne connurent qu'une chose : la guerre. Le premier Empereur, ci-devant premier consul, fut renversé par la guerre.

La Restauration joua du couteau sur le maréchal Brune et autres. Louvet joua du couteau sur la Restauration.

.La Monarchie de Juillet eut ses fusillades à la Croix-Rousse, au cloître Saint Mery, à la Bastille et rue Transnonain. La Monarchie de Juillet fut chassée à coups de fusil.

Notre seconde République, après les exécrables journées de juin 1848, fut renversée par les armes de celui qui se fit notre deuxième Empereur. Notre seconde République renversa celui qui se fit notre deuxième Empereur, par la plus puissante de toutes les armes : le mépris.

Décidement la force ne fait vivre qu'un temps.

Donc, nous républicains de troisième génération, qui voulons que notre jeune mère vive, n'ayons recours qu'à l'affection.

— Eh bien, cette affection comment l'obtenir ?

— En mariant si bien les institutions que regrettent les rétrogrades avec celles que désirent les progressistes, qu'à l'intérieur, aucun parti n'ait raisonnablement lieu de se plaindre, et qu'à l'extérieur, tous les peuples, vivant encore sous le joug monarchique, n'aient plus qu'une idée fixe : nous imiter.

— Par conséquent examinons ce que veulent nos adversaires, tant démocrates qu'aristocrates, et ce que nous voulons nous-mêmes.

Ce que veulent ceux qui regrettent le système du malheureux Louis XVI ; c'est un Roi ; une Chambre haute de privilégiés, nobles héréditaires ou prélats ; et une Chambre basse de députés du Tiers État.

Ce que veulent ceux qui regrettent 1792, 93 ou 94 ; c'est un Comité de salut public ; une Convention, et une Commune.

Ce que veulent ceux qui regrettent le Directoire ou le Consulat ; c'est une sorte de Triumvirat ; un conseil des Cinq cents ; et un conseil des Anciens.

Ce que veulent ceux qui regrettent le premier ou le deuxième Empire ; c'est un Monarque, réellement absolu ; un Sénat, réputé conservateur ; et un Corps, dit législatif.

Ce que veulent ceux qui regrettent la Restauration ; c'est un Roi constitutionnant ; une Chambre de pairs héréditaires ; et une Chambre de Députés.

Ce que veulent ceux qui regrettent la Monarchie de Juillet ; c'est également une Chambre de Députés ; également une Chambre de Pairs, mais pas héréditaires ; et un roi constitutionnel, ou mieux, constitutionné.

Enfin ce que veulent ceux qui regrettent 48 ; c'est un Président de République ; une Assemblée nationale ; et une ou plusieurs directions d'ateliers..... *nationanx*, à la façon de je ne sais qui..., ou *Pha-lanstériens*, à la manière de Fourrier... ou *Icariens*, à celle de Cabet... ou *monastico-religieux*, à celle de Saint-Simon... ou de tout autre genre, plus ou moins cloîtrant et cloîtré.

Eh bien (abstraction faite du *nombre* des électeurs ; du *nom* donné aux élus ; des *qualités* censitaires, intellectuelles ou autres exigées d'eux ; et du *principe* consécrateur invoqué, soit par ceux-ci, soit par ceux-là) tous ces divers essais d'organisation politique ou sociale n'aspirent, en dernier ressort, qu'à un seul et même but : régénérer la France au moyen de trois pouvoirs :

Le *premier*, à la fois, exécutif, central et temporel, destiné à faire converger toutes les forces du pays vers une même et unique résultante : la prospérité nationale ;

. Le *second*, à la fois, végétatif, local et matériel, ayant pour mission de surveiller l'impôt et le contingent ; c'est-à-dire, la part de sang et de richesse que chacune des familles, qui composent le peuple français, comme chacune des localités, qui constituent son territoire, doit dépenser en faveur de toutes les autres ;

Et le *troisième*, à la fois, consultatif, général et spirituel, chargé de traiter, en dehors de toute influence de caste ou de clocher, les questions religieuses, politiques, administratives, financières, commerciales, et cœtera et cœtera, les plus abstraites, autrement dit, intéressant le plus l'avenir.

Voilà, n'est-il pas vrai, ce que veulent ceux qui regrettent un quelconque de ces nombreux gouvernements du passé.

Eh bien, vous, républicains, socialistes et révolutionnaires, partisans, non seulement, de la Commune, mais encore, du Comité central de la garde nationale et, qui plus est du Comité, central aussi, de l'Internationale des travailleurs, que voulez vous ?

Que voulez-vous ! et que voulons-nous ? Nous autres républicains (socialistes aussi, mais anti-révolutionnaires) qui réclamons comme vous, pour notre Conseil municipal, un Président nommé par nous ; tout en subissant une Assemblée, dite nationale ; et en acceptant un Chef du pouvoir exécutif, nommé par elle.

Que voulez-vous? et que voulons-nous? sinon une régénération de la France, par un pouvoir végétatif, local et marériel ; surveillant un pouvoir exécutif, central et temporel ; conseillé par un pouvoir consultatif, général ou spirituel.

Donc (toujours abstraction faite, bien entendu, du *nombre des électeurs* ; *du nom des élus* ; des *qualités fiscales, intellectuelles ou autres* exigées des premiers ou des seconds ; et du *principe consécrateur,* invoqué par ceux-ci ou bien par ceux-là) nous hommes de 1870-71, auxquels on reproche de vouloir tout changer, nous sommes d'accord (quant au fond, au but à obtenir) avec tous les partisans divers de nos devanciers de 1789, 92, 95, 99, 1804, 1815, 1830, 48 et 52, auxquels nous reprochons de ne vouloir rien, absolument rien changer de ce qu'il y avait dans ces temps-là.

Reste, par conséquent, à examiner si, des quatre points secondaires, que nous avons momentanémont écartés, il n'en n'est pas un ou plusieurs sur lesquels nous pourrions nous entendre encore.

Eh bien, examinons.

Les partisans des Bourbons, tant aînés que cadets, ceux des Bonaparte et ceux aussi de la République, ne contestent à aucun Français, honorable et majeur, le titre d'électeur et la qualité d'éligible ; quels que soient son état, son instruction et l'impôt qu'il paie.

Donc nous n'avons plus qu'à nous accorder, si faire se peut, sur les principes consécrateurs : *suffrage universel* et *droit divin,* respectivement invoqués par ceux-ci et par ceux-là.

Par conséquent voyons d'où ils nous viennent et ce que, respectivement, ils valent ; afin d'opter pour l'un ou pour l'autre ; s'ils sont vraiment inconciliables.

Pendant tout le moyen-âge ; qu'entendons nous? que voyons nous?

Au cri constant de : *vox populi, vox Dei* (la voix du peuple, c'est la voix de Dieu) ; nous voyons les vilains et les artisans aider, tantôt les Rois à dauber sur les Papes et, tantôt les Papes à dauber sur les Rois ; pour que l'Eglise ne domine pas l'Etat, ni l'Etat l'Eglise.

Donc, tant que dure ce susdit moyen-âge ; par ce que cette fameuse devise, alternativement invoquée par les Rois et les Papes, aide nos pères à se rendre libres, alternativement aussi, au spirituel et au temporel ; nos pères la considèrent comme aussi vraie que belle ; et, comme, de fait, elle est socialement bonne, ils restent unis sous sa tutelle.

Mais, dès que les vilains et les artisans, *se faisant peuple et bourgeoisie,* deviennent trop difficiles à conduire pour les Rois et pour les

Papes; dès qu'afin de mieux *régner* sur eux, et *non plus* les *gouverner*, ces Papes et ces Rois s'efforcent de convertir leurs dogmes religieux en engins politiques ; dès que, par l'abaissement du militarisme nobiliaire et l'endiguement de l'invasion musulmane, il ne reste plus à l'ordre du vieux monde catholico-féodal qu'une raison d'être purement négative ; dès qu'apparaît, non pas le Protestantisme, père des révolutionnaires actuels ; mais bien la trop galante Renaissance, mère des libéraux d'aujourd'hui ; dès, qu'en deux mots, commence à poindre le *monde moderne* : celui des constructeurs du bien final, venant se substituer aux destructeurs du mal primitif..... les illusions de nos pères se détruisirent, peu à peu, à l'encontre de leur si vieil et si populaire adage ; de sorte que finalement ils le déchirèrent, en s'éloignant de leurs vieux tuteurs politiques et religieux.

C'est ainsi qu'ils en arrivèrent à ne plus retenir, pour eux, que sa première moitié ; et à complètement abandonner la seconde à ceux qui devinrent leurs antagonistes.

Ce qui prouve bien que ce que je dis est vrai, parfaitement vrai ; c'est qu'avec le temps (faute d'une saine et bonne doctrine sociale prévenant toute exagération) on s'aigrit et s'égara tant, dans le parti qui devint révolutionnaire, et *tant* aussi, dans le parti qui devint rétrograde, que le premier traduisit successivement son *vox populi* par les mots *République, souveraineté du peuple, suffrage universel, gouvernement de tous* (en toutes choses et tous lieux), et finalement *suspicion quand même,* avec vote en permanence despotisant chacun ; à mesure que le second traduisait son *vox Dei* par *monarchie, droit divin, suffrage nul* ou *restreint* le plus possible, *confiance aveugle* et, pour en finir, *gouvernement exclusivement personnel* annulant tout le monde.

L'origine ainsi que les sens, plus ou moins passionnés, qu'on attache à ces deux principes consécrateurs (devenus si radicalement contradictoires, et si malheureusement seuls admissibles, quant à présent) étant une fois bien établis ; reste à examiner celui qui vaut le mieux, afin d'opter pour lui.

Eh bien, cette appréciation, parce que le temps nous manque aujourd'hui, nous l'ajournerons à une autre fois.

Donc pour terminer nous nous contenterons de dire :

« Parce que les *démocrates exclusifs* confondent le changement quand même avec le progrès ; et parce que les *aristocrates exclusifs* aussi confondent l'immobilité quand même avec l'ordre ; nous, bourgeois de 1870-71, nous ne devons imiter ni les démocrates exclusifs, c'est-à-dire, les révolutionnaires qui veulent rétrograder jusqu'en 1848, 32, ou même 93 ; ni les aristocrates exclusifs aussi, c'est-à-dire, les réactionnaires qui veulent rétrograder jusqu'en 1830, 1815 ou même 1804.

Soit, direz vous; mais alors que devons-nous être ; et que devons-nous faire ?

— Rester ce que notre aveuglement de 75 années (au moins) et le sort des armes nous ont faits : des républicains ; et faire de la bonne et sage réorganisation.

— Comment?

— En faisant.... puisque le progrès ne peut, ne doit et ne saurait jamais être que ce qu'il fut et sera toujours : le développement de l'ordre.... en faisant, dis-je, au *nom de l'ordre*, de la *conciliation* avec les dernières souches, fatalement réactionnaires, du monde théocratique et militaire qui s'éteint ; et de la *réconciliation, au nom du progrès*, avec les premières pousses, fatalement révolutionnaires encore, du monde industriel et libéral qui grandit : le tout à fin d'éviter, avant et par-dessus toutes choses, la guerre civile.

II.

Séance du mercredi 19 avril 1871. — C'est toujours Maître A + B qui parle.

Puisque c'est à l'œuvre qu'on reconnaît l'artisan, à l'usage qu'on reconnaît l'outil ; et qu'il nous faut savoir ce que vaut encore le principe conséerateur, appelé *droit divin :* voyons s'il a su nous gratifier, *en temps opportun*, de souverains convenables.

Donc sans remonter au Déluge ; sans même aller au delà de notre dernière race : interrogeons notre histoire.

Le dernier Valois meurt sans enfants. Le *droit divin* lui donne pour successeur Henri IV, l'*hérétique*! Il en résulte quatre années de guerre civile.

Ce grand roi est assassiné, Le *droit divin* nomme un enfant. Sept années d'une régence, déplorablement dominée par les Concini, s'en suivent.

Louis XIII meurt. Au lieu de sept, c'est neuf ans de minorité que nous revaut le *droit divin ;* et, malgré Mazarin, c'est encore la guerre civile.

Le trop long règne de Louis XIV finit. De *par Dieu ;* huit années de minorité nouvelle et, qui pis est, le Régent lui succèdent.

Ce prince des roués et le banquier Law inaugurent le régime des filouteries en grand. Louis XV, avec son Pacte de famine, le pousse immédiatement jusqu'à l'infamie. Son petit-fils, plus bête que méchant, ne sait rien réparer. L'indignation et la misère publiques font naître enfin, à la vie politique et religieuse, le monde industriel et libéral ; et, comme en toute parturition que ne dirige pas l'habileté scientifique, le sang coule au milieu du désordre.

Louis XVI, l'oint du Seigneur, qui veut tuer ce nouveau pouvoir national, est au contraire tué par lui ; et pendant que le *droit divin* proclame, pour successeur fictif, un pauvre enfant, la *volonté du peuple* met à sa place la République, d'abord ; et l'Empire d'un parvenu ensuite.

Ce parvenu disparaît à son tour. De par *le droit divin du pape*, qu'il a despotisé, un mineur doit prendre sa place. De par le *droit divin de l'archevêque de Reims*, c'est un vieux revenant qui le fait.

Quinze ans après, de par ce même *droit divin champenois*, un enfant devrait encore régner. Mais un second revenant (son cousin, le ci-devant transfuge) lui escamote sa couronne, en même temps qu'à nous la République, et trône durant dix-huit ans.

Après quoi, repassant à l'étranger, il nous laisse, comme héritier, un mineur dont le *droit divin* (bâtard du ciel et d'une volonté nationale non consultée) ne procède plus de Reims ni de Rome.

Alors revient la République ; puis un troisième Bonaparte qui remarie, pour se légitimer, le vote du peuple à la grâce de Dieu.

Peines perdues ! Ce dernier pastiche du *droit divin* ne trompe ni tiare, ni mître, ni chapeau, ni casquette ; et la République nous revient pour la troisième fois, sinon la quatrième.

Décidément, puisqu'à mesure qu'il nous faut des hommes, le vieux principe consécrateur (altéré ou non) ne nous donne que des enfants; nous ferions bien d'y renoncer.

Que des enfants, me direz-vous, pas cette fois, du moins ! Car ils sont bien deux à prétendre et un troisième à reprétendre nous ramener leur *droit divin* sans régence ni tutelle aucune.

—Soit ! Pour cette fois, depuis bien longtemps, le vieux principe fétichique, archifétichique, a raison..... quant à la question d'âge. Mais quant à celle de qualité ?

Voyons un peu ses habitudes !

Henri IV, le vert-galant, est actif ; audacieux ; entendu aux affaires ; passionné pour le jeu, les femmes et le plaisir. Sa faconde n'a d'égale que sa fécondité. Il a six enfants légitimes et je ne sais combien de bâtards de ses très nombreuses maîtresses.

Son fils, Louis XIII, est juste le *contraire*. C'est à peine s'il ose aimer, même platoniquement. Ses goûts sont à la solitude. On règne pour lui. Deux enfants; voilà ce qu'il laisse, à très-grand'peine ! Si grand'peine, qu'on les lui conteste. Certes, si les idées politiques et religieuses..... Mais à plus tard les réflexions.

Louis XIV est, sous tous les rapports, le *contrepied* de Louis XIII. Amours aussi multipliées que scandaleuses ! Fastes, batailles ou fêtes continuelles ! Autocratisme absolu ! Un seul enfant !... De sa femme, trop laide ? Oui ! Mais dix-sept, si ce n'est vingt, de ses ravissantes maîtresses.

Le grand Dauphin, ce fils (unique en son genre), n'hérite, de ce roi soleil, que ses qualités déplorables. Il est si bête que Bossuet ne lui peut rien apprendre.

Heureusement, pour son enfant, qu'il le *contrecarre*, en tous points, comme il *contrecarra* son père. Rien de mieux que le duc de Bourgogne. Il est vertueux, instruit et si bien intentionné!... qu'on le traite d'idéologue, comms son précepteur Fénelon. Eh bien ! l'enfant qu'il laisse est *on ne peut plus le contraire*.

En effet; quoi de plus matériellement débauché, de plus bourreau d'argent, de plus indignement voleur, de plus intellectuellement sceptique et de plus égoïstement paresseux, jouisseur et insouciant du bien public que Sa Majesté Très-Chrétienne, le roi Louis XV ! Eluder tout sérieux travail et ripailler au Parc-aux-Cerfs ; voilà sa vie. *Roi de tous les scandales, père de dix enfants légitimes* et n'ayant pour lui qu'une seule chose : *infiniment d'esprit;* il a pour fils *un honnête homme*, qui ne règne pas; et pour petits enfants, régnant successivement, un *intelligent infécond* et deux incapables qui se font (l'un) tuer et (l'autre) chasser.

Une dernière phrase de faits, pour en finir avec les rois. L'énorme Louis XVI n'a pour fils que des malingres ; Bonaparte, si actif et si vigoureux, qu'un poitrinaire ; Charles X, le ci-devant Figaro de Trianon, que deux ineptes ; et Louis-Philippe (le mari modèle) pour prince royal, qu'un très-mauvais ménager.

Aux réflexions maintenant !

De cette longue suite de faits qui, depuis 1589, nous montre continuellement le physique et le moral des choix *du droit divin*, en opposition flagrante et continuelle avec le physique et le moral de leurs prédécesseurs ; que pouvons-nous conclure? Sinon que, depuis deux cent quatre-vingt-deux ans, nous ne jouons, pauvres Français, que de malheur avec tous les élus du ciel : Ou que, de plus en plus, le principe de l'hérédité devient incapable de nous fournir des hommes à la hauteur de nos croissantes difficultés sociales.

Eh bien !

Parce que l'astronomie ne me fait voir, au ciel, que des monstres inorganiques, plus ou moins brillants, mais parfaitement inertes ;

Parce que l'histoire m'apprend que, depuis Henri IV, il n'est pas un seul de nos rois qui n'ait personnellement travaillé à l'encontre des idées politiques et religieuses, si grandes, si généreuses et si parfaitement républicaines de ce premier des Bourbons ;

Parce que je sais, de par la biologie, que toute qualité bonne ou mauvaise, qui s'épuise à trop fonctionner, chez un père, ne peut se retrouver qu'en moins ou en inverse, chez son enfant ;

Parce qu'enfin la sociologie me montre, *dans tous les pays*, les capitales se recrutant des villes, comme les villes des campagnes : *dans toutes les classes laborieuses*, les professions libérales se recrutant de la bourgeoisie administrative, comme la bourgeoisie administrative se recrute du prolétariat ; et, *dans toutes les sociétés animales*, les chefs de meutes ayant pour successeurs d'autres bêtes que leurs petits, tant les fonctions gouvernementales stérilisent facilement :

Je déclare, en notre affliction si profonde, que nous n'avons nullement joué de malheur ; mais que nous sommes, purement et simplement, fort logiquement punis ; pour avoir trop longtemps soutenu et trop fréquemment restauré le *droit dlvin*.

' Par conséquent... qu'il nous revienne de Champagne ou de Rome ; et se dise, à nouveau, corrigé par le Pape, comme en 1804 ; ou par la bourgeoisie, comme en 1830 ; ou encore par le peuple, comme en 52... parce qu'il est et sera de plus en plus inapte à nous doter de chefs capables, voire même de simples soliveaux tombant à point ; nous devons l'écarter au profit du suffrage universel : bien qu'il y ait un mode électif meilleur, beaucoup meilleur, tellement meilleur ! que nos lois, habitudes et préjugés antiques nous dominent encore trop ; pour que nous puissions l'employer.

Nous devons, dis-je, l'écarter au profit du suffrage universel ; parce que (de tous les principes consécrateurs acceptés quant à présent) ce dernier est le seul qui puisse nous préserver (théoriquement du moins) des célestes erreurs aristocratiques...

Mais !

...Mais parce que ce démocratique procédé (aussi maladroit que novice) a, deux fois déjà, strangulé sa mère la République ; pour, deux fois, nous livrer à des Empereurs ; qui, trois fois, nous livrèrent à l'invasion : nous devons faire en sorte qu'en tous ses choix il ne fonctionne jamais, que bel et dûment conseillé.

Donc ; aussitôt que je vous aurai fait connaître le nouveau mode consécrateur, que je vous ai déjà signalé comme le meilleur, et les raisons qui nous empêchent de l'employer dès à présent : je vous montrerai la façon de, bel et dûment, conseiller ce par trop ombrageux et trop maladroit suffrage universel ; sans qu'il s'en puisse fâcher aucunement.

Messieurs ; puisque c'est en forgeant qu'on devient forgeron ; en maniant la queue de la poêle ouvrière, administrative ou théoricienne, qu'on apprend à ne s'y point brûler ; forcément, nous devons poser en principe que nul ne connaît mieux les difficultés d'une affaire que l'homme capable qui la gouverne ; et, partant, que nul, mieux que lui, n'est à même de se trouver un successeur.

Le *choix consciencieux* du fonctionnaire vraiment digne ; tel est donc, suivant moi (et certains autres), le meilleur de tous les modes électifs et consécrateurs.

Eh bien, je vous le demande, au sein de notre monde industriel et libéral, momentanément si effaré ou affolé, combien trouvez-vous d'hommes considérant déjà leur profession comme une véritable fonction sociale, qui leur impose (comme un premier devoir civique, sinon comme un premier acte de reconnaissance), qui leur impose, dis-je, au sortir des affaires, l'obligation de sauvegarder les intérêts, quelquefois même la vie des ouvriers ou des clients qui les aidèrent à s'enrichir : en se faisant remplacer, auprès d'eux, par l'homme le plus capable ; et non pas le plus proche des parents, le plus affectionné des amis, ou le plus offrant des enchérisseurs ?

Et, je vous le demande encore, au sein de ce même monde industriel et libéral si profondément troublé par son passage de gouverné à gouverneur, combien, encore, trouvez-vous d'hommes assez pauvres en fait de vieux errements ou préjugés (théocratiques, militaires, métaphysiques et révolutionnaires) où, ce qui est tout un, assez riches déjà d'habitudes et de conceptions purement scientifiques et industrielles ; pour dignement respecter ou supporter seulement, comme chef politique, l'élu d'un gouvernant prenant sa retraite ?

Combien ? trop peu, n'est-il pas vrai ? Beaucoup trop peu.

Donc, puisqu'en fait de principes électifs et consécrateurs, nous en sommes réduits à ne pouvoir encore admettre, dans la vie privée, que notre intérêt ou nos affections personnelles et, dans la vie publique, que le caprice (malencontreux presque toujours) de la naissance ou la brutalité du nombre ; afin de laisser le moins possible au hasard, usons de ce dernier moyen en le modérant de notre mieux ; autrement dit, employons le suffrage universel, en le conseillant aussi bel et dûment que faire se pourra.

Soit, mais comment ?

Telle est la question !

Messieurs, en fait d'hommes ou de corporations se donnant pour mission ou métier de conseiller les autres ; qui avons-nous en France et dans nos colonies ?

Premièrement, les clergés catholique, protestant, juif, musulman et autres ;

Secondement, les universitaires ;

Troisièmement, les fonctionnaires publics ;

Quatrièmement, la presse ;

Cinquièmement enfin, les savants.

Donc, en tout cinq pouvoirs, plus ou moins spirituels.

Eh bien ! voyons ce qu'ils peuvent faire pour nous autres, infortunés républicains, forcés d'opter pour le suffrage universel.

1o Les prêtres juifs, musulmans, catholiques, protestants et autres... n'ont ils pas, comme attribut suprême, de conseiller et consacrer au nom de Dieu ?

— Oui.

— Théoriquement comme de fait, en matière politique, ils sont donc nos antagonistes ; et ne peuvent, par conséquent, théoriquement comme de fait, que nous être suspects et partant inutiles.

Donc, première conclusion, cherchons ailleurs que chez eux.

2o L'Université ; d'où vient elle ?

— Du plus impérieux despote des temps modernes.

— Dans quel but fut-elle instituée ?

— Pour contrebalancer le pouvoir spirituel du clergé.

— Mentalement, qui la domine ?

— La métaphysique.

— Et matériellement ?

— Les appointements.

— Ainsi organisée, que fait elle ?

— Des individus ne croyant qu'à l'argent, à eux-mêmes, ou à rien.

— Par conséquent, en fait de modérés politiques, elle produit des éclectiques, pâturant aux budgets de l'Empire ou de la République, aussi bien qu'à ceux de la Légitimité ou du Constitutionalisme : et, en fait d'exagérés, des aveugles systématiques ou des extravagants compromettant aussi bien (ceux-ci) le progrès, par leurs nouveautés révolutionnaires, que (ceux-là) l'ordre, par leurs rengaînes monarchiques.

Donc, seconde conclusion : cherchons ailleurs.

3º Théoriquement, que doivent faire les fonctionnaires publics, vis à-vis du suffrage universel ?

— Rien.

— Pratiquement, que font-ils ?

— Le plus qu'ils peuvent.

— A-t-on raison de se méfier des sournois ?

— Oui.

— Donc, troisième conclusion, en fait de conseillers consciencieux ; cherchons encore ailleurs.

4º La presse, proprement dite, périodique ou non ; de quoi vit-elle ?

— La première, de réclames ou d'annonces, toujours proportionnées au nombre des abonnés ; et, la seconde, d'acheteurs.

— Pour avoir beaucoup des uns ou des autres, que faut-il ?

— Caresser leurs passions.

— Les flatteurs, conseillent-ils jamais bien ?

— Non.

— Donc, quatrième conclusion, cherchons encore ailleurs.

5º Les savants, proprement dits, combien forment-ils de catégories ?

— Deux au moins : les officiels et les indépendants.

— Les officiels, de quoi vivent-ils ?

— Du public, indirectement, s'ils doublent leur science réelle de complaisance envers le pouvoir, afin de se pavaner sur ses tréteaux privilégiés ; et, directement au contraire, si moins habiles ou moins méritants, ils ne parviennent à se hisser que sur les planches de la publicité.

— Et les indépendants, que font-ils ?

— Ils gueusent la misère, ou, tout au plus, vivotent ; en s'épuisant à découvrir, dans le silence et l'obscurité de l'étude, quelque chose de vraiment utile.

— Donc, cinquième et finale conclusion?

— Donc, cinquième et finale conclusion!

Puisque ni les prêtres, de n'importe quel dieu; ni les universitaires, de n'importe quelle école métaphysique; ni les gens, en n'importe quelle place officielle; ni les savants que paie l'Etat; ni ceux que solde le public; ni surtout ceux que recompensent leur modestie et (*quelquefois!*) la postérité, ne peuvent, politiquement, conseiller le suffrage universel; qu'il se conseille lui-même en s'y prenant comme je vais dire.

III.

Nous ne sommes pas encore assez républicains, en France, pour nous réorganiser en dehors de toute réminiscence monarchique.

Et ceux qui le sont déjà, parvinssent-ils à le faire, seraient en trop petit nombre, pour lutter avec avantage contre tout ce qu'il reste encore, tant chez nous qu'à l'étranger, de partisans aux divers gouvernements théocratiques ou militaires.

Telle est la double erreur que maître A + B a jugé convenable de combattre le mercredi 12 avril 1872.

Voilà ce qu'il disait quand nous entrâmes au Club :

.... Comme vous le voyez, pour les rétrogrades ultra. les partisans de la candide province, l'idéal du gouvernement consiste en un chef unique, immuable de par Dieu, et, partant, irresponsable en principe ; tandis que pour les ultra-révolutionnaires, les fauteurs de la Commune cramoisie, le nec plus ultra d'un exécutif est. au contraire, une réunion si nombreuse de délégués (continuellement révoqués ou, tout au moins, révocables) que chacun d'eux, en fait, devient irresponsable de par l'éphémère parcelle du pouvoir que lui défère le peuple :..... la naïve sagesse de ce dernier consistant à se répéter indéfiniment : je peux être involontairement trompeur, ou volontairement trompé.

Eh bien ! vous le savez tout aussi bien que moi, de tout temps, les hommes de bon vouloir et de sens commun ont répudié de pareils extrêmes ; posé en principe que le progrès ne devait jamais être que le développement de l'ordre ; et fait effort pour maintenir et consolider celui-ci, de telle sorte..... que tout doucement celui-là en dérivât.

Or, très-naturellement, nous nous rangeons parmi ces hommes de sens commun et de bon vouloir.

Donc, pour être à même d'agir comme ils l'auraient fait, dans les cruelles circonstances qu'il nous faut traverser ; examinons, successivement, ce qu'ils sont, ce qu'ils firent et d'où il viennent.

Première question : ce qu'ils sont ?

Ils sont ce qu'ils furent et seront toujours : des théoriciens, des administrateurs et des ouvriers *travaillant utilement* ; de véritables producteurs composant l'immense majorité de la nation ; des hommes posant en principe qu'on ne saurait *inventer, organiser* et *réaliser* quoi que ce soit, sans une certaine *liberté morale* doublée d'une certaine *tranquillité matérielle ;* des citoyens par conséquent (disons-le, car c'est l'exacte vérité) des citoyens portés, plus souvent qu'il ne le faudait, à se procurer cette indispensable quiétude, par l'éloignement systématique de toute préoccupation civile, politique ou religieuse.

Voilà, n'est-il pas vrai, ce qu'ils sont, ce qu'ils furent, et ce qu'ils seront longtemps encore ; attendu qu'on ne change pas facilement d'habitudes. Je passe à notre deuxième question.

Ce qu'ils firent ?

Dans notre marche, jusqu'à ce jour aussi exclusivement que fatalement empirique, vers le progrès ; ils ont toujours fini par faire pencher le plateau de la balance politique vers les révolutionnaires-ultra, quand l'immobilité systématique des *blancs* gênait par trop la croissance du monde industriel et libéral ; et vers les ultra-rétrogrades, au contraire, lorsque fatigués des changements quand même des *rouges*, ils voulaient procurer, à ce même monde industriel et libéral, le far-niente qu'exige toute croissance trop laborieuse, c'est-à-dire, trop peu préparée.

Troisième question : d'où viennent-ils ?

Messieurs, ces conservateurs qui ont joué un rôle si utile et (vu la reconnaissance qu'il leur a valu) si ingrat viennent des Gaulois romanisés d'abord ; des Gallo-Romains catholicisés et monarchiquement francisés ensuite ; et des catholiques français humanitarisés enfin.

Quelques détails, afin de bien comprendre les habitudes et préjugés que firent naître chez eux, cette triple et longue tutelle.

Premier fait certain : Les Gaulois (nos plus vieux ancêtres connus, qui sacrifiaient des victimes humaines à leurs dieux) étaient de tels bandits ! qu'il fallut à Rome plusieurs siècles et beaucoup d'armées, pour subordonner leur activité pratique et plier leur caractère (tant de soldats que d'esclaves) au but que poursuivirent ses consuls et ses empereurs, pendant toute l'antiquité: *l'unité politique* de tous les peuples habitant le bassin de la Méditerranée, ainsi que le versant nord des Pyrénées, des Alpes et des Karpathes.

Second fait, non moins certain que le premier : Cette même Rome devenue chrétienne employa beaucoup de siècles encore et pareillement beaucoup de missionnaires, catholiques et apostoliques, à subordonner les croyances intimes et plier les aspirations sentimentales des Gallo-Romains, conquis par les Francs, au but que poursuivirent les papes durant tout le moyen-âge : *l'unité religieuse* de tous les peuples dont il vient d'être question.

Enfin, troisième fait aussi incontestable que les deux premiers : Depuis la Renaissance jusqu'à l'avénement des Encyclopédistes, depuis Mahomet II jusqu'au milieu du siècle dernier, c'est-à-dire, tant que dura l'éducation *intellectuelle* des Français proprement dits ; il fallut à leurs monarques plusieurs siècles aussi, beaucoup d'armées encore et, qui mieux est, pas mal de grands hommes, pour maintenir leurs ci-devants Gallo-Romains catholicisés au point de vue que ces rois très-chrétiens poursuivirent, à leur tour, durant tous ces temps modernes : la double *solidarité politique et religieuse* des peuples préservés, par Rome, du fatalisme musulman et du mysticisme germain.

J'ai dit éducation *intellectuelle ;* parce que c'est pendant cette dernière phrase de notre si longue et si rude tutelle catholico-féodale, que l'esprit de nos prédécesseurs immédiats prit goût aux *spéculations industrielles, administratives* et *commerciales, scientifiques, littéraires* et *artistiques;* grâces à Jacques Cœur et à la gentille Agnès, qui servirent si bien Charles VII ; à Louis XI et Anne de Beaujeu, si industrieux, si instruits, l'une et l'autre, et si jaloux de tout connaître, pour ne protéger qu'à bon escient ; à Charles VIII si fastueux; à Louis XII, si paternel ; à François Ier, Henri II et ses trois fils, aux mœurs... si étranges ! mais si profondément poëtes et musiciens ; à Henry IV, si tolérant, et à Sully, si travailleur et si économe; enfin au maître de Louis XIII (Richelieu) et à son resplendissant successeur Louis XIV. Richelieu et Louis XIV ! tous deux si éminemment protecteurs d'une série d'hommes éminents.

Messieurs, comme vous n'avez peut-être pas présents à la mémoire les trois bons, trois excellents effets définitifs de cette rude éducation *pratique, sentimentale et intellectuelle* qui dura vingt siècles, si vous ne remontez qu'à César, et vingt-trois au moins, si vous allez jusqu'au premier Brenn gaulois qui se fit corriger par Rome ; laissez-moi vous les rappeler.

Le premier a été d'habituer les *théoriciens, administrateurs et ouvriers* de notre monde industriel et libéral français à ne jamais travailler pour eux seuls, quoi qu'ils cherchassent, entreprissent ou réalisassent ;

Le second, de les accoutumer à se toujours subordonner de caractère, de cœur et d'esprit à des lois nettement formulées ;

Enfin, le troisième, de les empêcher de se fausser le jugement, en s'occupant trop tôt de politique et de religion.

Eh bien ! parce que (grâce à la jalousie de leurs gouvernants, papes et rois) ces susdits travailleurs sérieux ne se sont mêlés prématurément ni de religion ni de politique ; parce qu'ils ne se sont point fourvoyés en donnant pour explications, à nos phénomènes sociaux, variant chaque jour avec une rapidité plus grande, l'intervention de forces et de volontés surhumaines ; et parce qu'à force d'être maintenus dans le respect des faits et des lois, ils se sont habitués à ne jamais chercher que celles-ci, en ne raisonnant jamais que sur ceux-là : quand (fatigués de voir les chefs des protestants, des catholiques, des musulmans et des juifs, toujours se battre et les troubler moralement, politiquement ou financièrement) ils se mirent, eux producteurs si rudement instruits et disciplinés, à fouiller toutes ces questions sociales, pour voir si le grand problème de la paix du cœur et du repos de l'âme (tant des individus que des nations) ne saurait être mieux résolu que par chacune de leurs synthèses respectives ; ils abordèrent cette étude, si nouvelle pour eux, avec une disposition cérébrale si nette (au point de vue intellectuel), si ferme (au point de vue pratique), et si bonne (au point de vue sentimental), qu'en moins d'un siècle ils découvrirent les lois qui (de tout temps) présidèrent et, de tout temps, présideront au développement de notre espèce marchant à la conquête du monde et d'elle-même.

Qu'en moins d'un siècle ils les découvrirent ! et les découvrirent si bien qu'ils sont maintenant aussi à même d'expliquer *scientifiquement* toutes les formes anatomiques, tous les actes physiologiques, toutes les habitudes civiles, tous les régimes politiques et tous les dogmes religieux, bref, toutes les manières de vivre, d'agir et de penser qu'a traversées telle race, tel peuple, telle tribu ou telle personne (en subissant tel, tel ou tel milieu), qu'ils sont à même de, scientifiquement aussi, vous indiquer les travaux matériels, que vous devez exécuter, et les règles morales que vous devez suivre ; pour atteindre tel ou tel but social et revêtir telle ou telle forme corporelle.

Eh bien (remarquez, je vous prie, que je réponds à la première objection qu'on m'a faite)..... Eh bien ! quand, durant vingt-trois siècles on a eu le cœur pétri de manière à se toujours préoccuper des autres autant que de soi-même, le caractère dressé à travailler pour eux autant que pour soi, et l'esprit orné de façon à résoudre aussi bien leurs difficultés sociales que les siennes ; quand, en un mot, on est vraiment Français : on peut..... si l'on sent et pratique ses devoirs de citoyen du monde mieux qu'on ne les comprend..... on peut, dis-je, ne point s'avouer à soi même, et, partant, ne pas avouer aux autres qu'on est républicain de la belle, de la bonne, de la meilleure espèce qu'on ait jamais vue ; mais en réalité, en dépit de ses vieux tuteurs catholico-militaires, en dépit de soi-même, et en dépit de la soldatesque féodalo-protestante, on n'est pas autre chose.

On n'est pas autre chose ! Et pas autre chose on ne doit être ; à moins qu'aveuglément on ne veuille se préparer des malheurs plus grands encore que ceux qui nous affligent, en continuant à mentir à sa propre nature et à trahir sa noble mission.

J'ai dit : en dépit de soi-même comme en dépit des autres ; parce que, sans l'invasion prussienne et les hontes de Sedan, nous serions encore en pleine monarchie.

A la seconde objection maintenant !

Messieurs, quand on est républicain, comme je viens de le dire, savez-vous qui l'on a pour ennemis et qui l'on a pour amis ?

Pour ennemis : on a, premièrement, tous les pays, toutes les provinces, toutes les villes et toutes les campagnes, plus tous les gouvernements, toutes les corporations et tous les individus qui se cramponnent à la papauté ; parce qu'ils ne peuvent ou ne veulent pas comprendre que le double problème de l'unité morale et matérielle de l'homme et des nations (dont la monarchie française, la tiare et l'antique Rome ont cherché la solution dans l'absolutisme, tant céleste que terrestre) ne peut se résoudre, comme l'ont senti les encyclopédistes et si bien indiqué leur véritable successeur, que par le *relativisme* scientifique, autrement dit, humanitaire.

Je fais le mot scientifique synonyme d'humanitaire ; parce que la véritable science explique toujours et persuade quelquefois, mais ne persécute jamais.

On a, dis-je, premièrement, pour ennemis toute cette portion de 'espèce humaine ; et, secondement, pour ennemis, on a encore tous

les pays, toutes les provinces, toutes les villes et toutes les campagnes, plus tous les gouvernements, toutes les corporations et tous
les individus qui détestent officiellement tous les papistes, au nom
de la liberté de conscience, et qui, non moins officiellement, au
nom de cette de cette même liberté de conscience, réclament l'indépendance politique et religieuse pour tous les peuples et pour tous
les hommes ; alors qu'en réalité ils ne savent et ne veulent faire que
deux choses : de l'égoïsme de coterie ou de l'égoïsme de nation.

De l'égoïsme de coterie ! lorsque, *mentalement*, ils se rallient à un
démagogique philanthrope de métier ; pour opprimer une partie de
leurs concitoyens. Et de l'égoïsme de nation ! lorsque, *matériellement*, ils se rallient ou mieux se laissent rallier par un pope impérial, un impérial mystique papa, ou une royale papesse ; pour opprimer les peuples étrangers.

Tout ce qu'il y a de *théophiles* grecs ou romains, protestants ou
révolutionnaires ; voilà donc ce qu'on a pour ennemis, quand on
est un véritable républicain français.

Eh bien ! qui a-t-on pour amis ?
Pour amis, on a ceux dont les monarques n'ont, pas plus que les
nôtres, abandonné le double point de vue de l'unité morale et politique des ci-devant latins qu'ils ont conquis ; ceux qui ont préservé
l'orient de l'Europe méridionale des barbares du Nord, comme nous
en avons préservé l'occident : les Turcs.

Les Turcs, aussi menacés que nous !
Tels sont donc, peut-être encore, nos seuls amis officiels.
Oui ! mais pour amis officieux on a et, de plus en plus, on aura
tous les travailleurs sérieux qui se dégoûtent et, de plus en plus, se
dégoûteront des monopoles religieux, politiques et même civils que
les soi-disant élus du ciel confèrent à leurs créatures ; autrement
dit, tous ceux qui veulent et, de plus en plus, voudront produire
librement et pacifiquement, en prenant la science, pour seul guide,
et le bien-être de tous, pour seul but.

Je vous laisse à juger si le nombre en est effectivement plus grand
que celui des monarchistes ; et s'il menace de s'amoindrir.
Pour mon compte ; parce que je nous crois beaucoup plus de partisans, présents et futurs, qu'on ne nous en accorde ; parce que
j'estime que nous sommes le seul peuple qu'on ait élévé au véritable

point de vue catholique, c'est-à-dire, humanitaire et universel ; et parce que je tiens pour certain que le grand problème social actuel (l'organisation finale de toutes les nations en mode éminemment industriel et libéral) ne se peut résoudre que scientifiquement... vu que la science est, comme la vérité, une et menant constamment à bien ; tandis que l'arbitraire est, comme le mensonge, infini mais conduisant toujours à mal... : je maintiens que, pour nous tirer d'affaire, nous devons respecter la *nature sociale* que nous a faite notre si long passé historique ; rentrer dans les glorieux errements de nos grands-pères de 92 ; et nous réorganiser républicainement, au moyen du suffrage universel : non parce qu'il est le meilleur de tous les principes consécrateurs connus, mais parce qu'il est le seul admissible quant à présent.

Donc faisons-le.

Faisons-le! et, si bafoués que nous soyons aujourd'hui, vous verrez qu'à mesure que nous reprendrons la route, dont les gouvernements étrangers s'efforcent de nous écarter, par tous les moyens possibles ; leurs peuples se tairont d'abord ; nous imiteront ensuite ; et peut-être même nous inviteront à les débarrasser, à notre tour, de leurs Césars neufs et vieux.

IV

Comment le suffrage universel peut, en se conseillant lui-même, organiser le s trois pouvoirs de la commune. (*Séance du 26 avril* 1871.)

Messieurs,

Parce que notre espèce est carnassière ; et parce qu'il lui fallut combattre, dès ses premiers pas, sa propre sauvagerie, celle de toutes les plantes et celle aussi de toutes les bêtes qui lui disputaient la suprématie terrestre; les diverses meutes et abris, familles et huttes, peuplades et villages..... nations et pays, races et continents (qu'elle installa successivement à la surface du globe), ne furent emménagés, tout d'abord, qu'en haine et méfiance des autres pour favoriser exclusivement la violence et la conquête.

En d'autres termes, aussi naturellement que forcément, toutes les sociétés humaines primitives s'organisèrent partout miltairement.

En bien, parce qu'aussi forcément que naturellement elles s'organisèrent militairement; tout aussi naturellement que forcément elles se disciplinèrent!... Et, parce que, tout aussi forcément que naturellement, elles se disciplinèrent; fatalement chacun de leurs membres sentit qu'il y avait quelque chose de plus puissant que sa propre force et son propre vouloir.

Chacun ! C'est-à-dire tous.

Tous, donc, ils le sentirent! Et, le sentant, se demandèrent, *comme des enfants:* où pouvait habiter, d'où pouvait provenir; et comment les pouvait pénétrer ce... quelque chose de plus puissant, cette force politico-sociale ! Que, sans le vouloir, ils se faisaient d'autant plus despotisante qu'ils se réglementaient davantage?

— Ignorant la structure de notre cervelle et sa façon de nous faire (par ses besoins) des préjugés et des habitudes irrésistibles ; que pouvaient-ils se répondre de réel ?

— Rien, n'est-ce pas ?

Donc, ils imaginèrent (*comme des enfants encore*) d'attribuer à des êtres matériellement inaccessibles pour eux (surhumains par conséquent) les effets anatomo-physiologiques produits, en leur encéphale, par cette conséquence forcée de leur belligérante activité collective ; par cette inconsciente émanation sociale, résultant de leur carnivore besoin d'attaquer ensemble et de se défendre les uns les autres.

Ils imaginèrent, dis-je, peu ou beaucoup de ces puériles fictions, suivant qu'ils étaient socialement un peu âgés déjà ou jeunes encore, lorsqu'ils s'interrogèrent de la sorte ; et, ce faisant, inventèrent et mirent aussi naturellement que forcément, l'absolutisme sentimentalo-intellectuel (ou religieux) au-dessus de l'absolutisme pratico-militaire (ou politique) par lequel ils avaient débuté.

Conclusion. L'homme, forcément ignorant et méchant en ses premier âges, ne pouvait combattre un monde ignorant et méchant comme lui, qu'en débutant dans la vie gouvernementale de sa planète, par l'absolutisme politico-religieux, autrement dit, la civilisation théocratico-militaire.....

..... La civilisation théocratico-militaire, dont la dernière variante sérieuse (pour ne parler que de nous autres, pauvres Français) gouverne encore, et continuera de gouverner les innombrables partisans du régime industriel et libéral ; tant que ces susdits partisans ne se seront pas mis (dans le cœur, l'esprit et le caractère) des sentiments plus tendres, des idées plus justes, et surtout des volontés plus fermes que les préjugés, us et coutumes qui font encore agir, sinon penser, les derniers fauteurs du régime catholico-féodal, ou mieux, les derniers et fort intéressés adorateurs de César.

Donc, sans trop nous préoccuper de savoir comment nous sommes devenus... à mesure que le militarisme déclinant changeait la fauve humaine de sa meute canibale en brigand ; son brigand en guerrier conquérant ; son guerrier conquérant en soldat féodal ; et son soldat féodal en utile gendarme : pendant que, de son côté, le théocratisme diminuant aussi, faisait de son jongleur, de son sorcier, de son devin, de son illuminé, de son prophète égorgeur de victimes (le nom importe peu), un prêtre... sans trop nous préoccuper, dis-je, de savoir comment, durant toutes ces transformations de nos ci-devant tuteurs, nous-mêmes sommes devenus, de venaison, bêtes de somme ; de bêtes de somme, esclaves ; d'esclaves, serfs ; de serfs, travailleurs volontaires ; et de travailleurs volontaires, citoyens désirant et devant nous gouverner et défendre nous-mêmes... et surtout, surtout ! sans trop vouloir nous venger des moyens, parfois atroces, employés pour opérer toutes ces améliorations ; c'est-à-dire nous forcer à grandir par le travail et l'aride culture de la science, du bien et du mal, sans aucune assistance ni consécration surnaturelle... Avisons à nous organiser, éduquer et instruire industriellement et libéralement ; afin de substituer, de plus en plus, la clairvoyante conviction du savant, à l'aveugle foi du théologien ; le concours volontaire des producteurs, à l'obéissance passive des soldats et des soldés ; la patiente mais certaine construction du bien final, à la militaire (mais fort problématique maintenant) destruction du mal primitif ; le gouvernement systématique de ce ceux qui ont étudié la structure du monde et de l'homme, au règne empirique des rares familles qui s'entêtent encore à n'apprendre exclusivement qu'à tuer celui-ci et bouleverser celui-là ; en deux mots, la *paix des peuples*, aux *guerres des rois*.

Avisons, dis-je, à nous instruire, éduquer et organiser pour cela.

— Organiser ! Comment?

— En allant du petit au grand, du simple au composé, du connu à l'inconnu ! En ne demandant, à chacun, que ce qu'il sait et peut faire ! Et surtout (puisqu'il nous faut subir la brutalité numérique du suffrage universel encore tout hérissé de ses démocratiques méfiances, dont plus d'une a sa raison d'être) en prenant soin de le faire conseiller d'autant mieux, que nous lui donnerons à traiter un problème politico-social plus grave.

Cela dit, entrons en matière.

Parce que nos ci-devant 37,510 communes formaient, à elles toutes, 2,938 cantons constituant, à eux tous, 375 arrondissements composant, à leur tour, nos ci-devant 89 départements ; on peut dire de la commune, chez nous, qu'elle est, au pays, ce que l'unité est au nombre qu'elle sert à former ; et ce que la famille est à la nation : à savoir, son élément constituant matériel, administratif et social.

Or, un nombre social (humain surtout) ne peut être bien vivant, bien agissant et bien pensant qu'autant que chacun de ses éléments constituants est lui-même bien vivant, bien agissant et bien pensant.

Donc, pour nous remettre en bon état nous, nation française, c'est-à-dire, pour nous organiser républicainement (puisque toujours la monarchie nous désorganise ou, qui pis est, fait désorganiser) : commençons par emménager la commune de façon qu'elle nous offre un esprit sain, dans un corps sain ; une population satisfaite, dans une localité satisfaite.

Satisfaite ! Autant, bien entendu, qu'on peut et doit raisonnablement l'être quand, usant pleinement de son pouvoir numérique ou *matériel*, on se choisit d'abord de bons *chefs sprituels*, de bons conseillers municipaux ; afin de se choisir ensuite de bons chefs temporels, de bons administrateurs : maire et adjoints.

Mais, objecterez-vous, comment se choisir d'abord de bons conseillers municipaux ?

— En ne les prenant que *de la localité* ; après avoir au préalable publiquement discuté leur mérite.

Je dis publiquement ; parce qu'à défaut de vigoureuses convictions nouvelles, nous contraignant à la sincérité ; nous devons recourir à ce qu'il nous reste de bonne vieille pudeur ; pour ne point dire et faire, en public, ce que nous risquerions peut-être en particulier.

Nous sommes en France un peu plus de 38,000,000 d'habitants, répartis (comme je viens de le dire) en un peu moins de 38,000 communes. C'est donc environ, pour chacune d'elles, 1,100 personnes ; et, par conséquent (femmes et enfants défalqués) tout au plus 300 électeurs.

Eh bien, je vous le demande, quel homme, à la campagne surtout, ne connaît pas aussi bien les besoins du village qu'il habite que les qualités morales de ses voisins ?

Aucun, n'est-il pas vrai ?

Donc charger le pouvoir végétatif, numérique ou matériel de la commune (c'est-à-dire, tous ses électeurs) de se choisir eux-mêmes un bon pouvoir spirituel, un bon conseil municipal, après mûre et ostensible délibération ; c'est incontestablement commencer par leur demander et presque les contraindre à réaliser ce qu'ils savent et peuvent faire mieux que personne.

Par conséquent, notre future constitution devra débuter à peu près comme il suit :

CHARTE DE LA COMMUNE.

Article 1er. Parce que (dans un pays où la liberté individuelle, la liberté civile et la liberté civique ne sont pas de vains mots) la commune doit s'administrer elle-même ; ses électeurs se réuniront, *à jour fixe, de leur propre mouvement et pleine autorité, dans la salle des actes et délibérations civils et civiques;* pour examiner *publiquement* le mérite de ceux qui se proposent de les servir, en qualité de *chefs spirituels*, en obtenant de leurs suffrages la *dignité* de conseiller municipal.

Article 2. Les candidats réputés les plus capables et surtout les plus moraux devront occuper les premiers rangs, sur la liste produite par cet examen.

Article 3. Parce que les plus fermes piliers d'un véritable gouvernement républicain sont la bonne foi et le respect le plus scrupuleux de toutes les opinions sincères ; cette liste, bien qu'aussi incontestablement officielle et constitutionnelle que la réunion dont elle émanera, n'aura rien, absolument rien d'exclusif ni d'impératif ; et les électeurs, qui jugeront convenable de la modifier ou combattre, pourront se réunir (où et comme ils voudront) pour en composer une ou plusieurs autres.

Article 4. Tous les moyens dont la publicité dispose (affiches, journaux et proclamations) devront être employés pour faire connaître les listes qu'auront ainsi dressées les électeurs, tant favorables qu'opposés aux choix de la réunion officielle et constitutionnelle.

Article 5. Comme le suffrage universel a seul pouvoir de nommer et consacrer ceux qui se croient dignes de servir de guides à leurs concitoyens ; les électeurs procèderont au vote, aussitôt que le délai nécessaire aux méditations de chacun sera écoulé.

Article 6. Parce qu'il est aussi mal d'imposer silence à ceux qui ont le courage de leur opinion, qu'impossible de faire parler ceux qui jugent convenable de taire ce qu'ils pensent ; et parce que le choix qu'on avoue est toujours plus consciencieux que celui qu'on récuserait peut-être volontiers : les bulletins signés seront aussi valables que ceux qui ne le seront pas.

Messieurs, une série d'articles concernant l'organisation du bureau électoral; le dépouillement du vote; sa proclamation solennelle, et surtout la composition que doit avoir tout conseil municipal pour que l'*élément ouvrier* de la commune y soit aussi bien

représenté que son élément bourgeois (théorique ou pratique).....
Une série d'articles, dis-je, concernant toutes ces intéressantes
questions devrait logiquement venir ici.

Mais parce qu'en m en occupant, je perdrais certainement de vue
l'ensemble constitutionnel que je désire vous exposer ; permettez-
moi de négliger momentanément tous ces détails et de poursuivre
en vous disant :

De même que le premier devoir des électeurs, qui constituent le
pouvoir numérique ou matériel de la commune, est de la doter d'un
pouvoir consultatif ou spirituel ; de même le premier devoir de ce
pouvoir consultatif ou spirituel, est de la doter d'un pouvoir exécutif
ou temporel.

Donc, la charte communale de notre future constitution devra
se continuer à peu près comme il suit ;

Articles n. + 1. — Aussitôt nommés, les dignitaires spirituels de
la commune (ses conseillers municipaux) devront se réunir, de leur
propre mouvement et pleine autorité, dans la salle des actes et délibérations civils et civiques ; pour examiner publiquement le mérite
de ceux qui se proposent de les servir, eux et leurs électeurs, en
obtenant de leurs suffrages la dignité de maire ou d'adjoint.

Articles n. + 2, n. + 3, n. + 4, n. + 5 et n. + 6, à copier, mot
pour mot, sur les articles 2, 3, 4, 5 et 6 qui précèdent.

Messieurs, grâce à la rigoureuse observation de ce que nous connaissons déjà de la charte concernant les devoirs et fonctions des
pouvoirs spirituel et matériel de la commune ; il se trouve que son
pouvoir exécutif, central ou temporel, son maire et ses adjoints sont
nommés.

Eh bien, ces Messieurs... (qui n'ont à recevoir de leur conseil
municipal que des avis et non des ordres ; qui, par conséquent,
n'ont pas plus à se retrancher derrière ses décisions que lui derrière les leurs ; vu qu'il ne peut y avoir de juste et de sérieuse responsabilité pour qui n'est parfaitement libre)..... Ces Messieurs que
devront-ils faire, à leurs risques et périls ?

— Surveiller et perfectionner (n'est-il pas vrai ?) cette première,
fondamentale et tout intime assise civile et civique de notre édifice
national, la seule peut-être que les plus simples ou les plus malheureux d'entre nous connaîtront assez pour l'aimer ! la surveiller, dis-
je, et perfectionner ; de telle sorte que son nom de Commune ne

soit pas un vain mot, et qu'elle nous puisse réellement *protéger*, *utiliser* et *protéger encore*, depuis le berceau jusqu'à la tombe.

— Oui, mais comment?

— En prenant pour base l'anatomie et la physiologie de notre organisme.

L'anatomie et la physiologie de notre organisme! C'est-à-dire l'éveil successif de nos divers besoins et penchants, tant personnels que sociaux, à chacune des trois périodes septennales de nos quatre saisons vitales : enfance, jeunesse, âge mûr et vieillesse.

Donc, *premièrement*, nos dignitaires municipaux temporels devront, de mieux en mieux, tout disposer pour que nous trouvions... de zéro à 7 ans, de 7 à 14 ans, et de 14 à 21 ; âges auxquels nos viscères et la région postérieure de notre cerveau, nos muscles et la région moyenne de cet organe à penser, et puis enfin sa région antérieure et nos plus hauts organes sensoriels prennent successivement leur essor ; en fonctionnant successivement, d'une façon prépondérante..... âges auxquelles (pour toujours peut-être ?) notre cœur et notre santé, notre caractère et notre vigueur, notre intelligence et notre entendement général se forment et développent parallèlement aux organes qui leur sont le plus immédiatement liés..... Nos dignitaires municipaux devront, dis-je, tout disposer pour que nous trouvions d'abord, comme enfants, dans la crèche et l'asile, les soins physiques et moraux de la nourrice et de la sœur, si notre mère est trop pauvre pour nous les prodiguer au foyer paternel ; pour que nous trouvions ensuite, dans l'école et le corps de garde ou la caserne, les exercices spirituels et musculaires du magister elementorum et du sous-officier ; et pour que nous trouvions encore et enfin, comme apprentis, dans le collége, l'atelier et le camp, les enseignements théoriques et pratiques du philosophe, du patron et de l'ingénieur militaire.

Le tout, afin de commencer à faire de nous des hommes bons, énergiques et intelligents, des individus capables d'aimer, servir et comprendre les intérêts de leurs semblables et de leur pays, aussi bien que les leurs.

Puis, *secondement*, afin de terminer, en vrais citoyens, ces bonnes énergiques et intelligentes ébauches communales, durant que, moralement et physiquement, elles sont peut-être malléables encore ; nos temporels dignitaires municipaux devront encore tout disposer pour que nous trouvions... de 21 ans à 28, de 28 à 35 et de

35 à 42, temps nécessaire à nous grandir par la vie domestique et le travail professionnel... nos dignitaires municipaux devront, dis-je, tout disposer pour que nous trouvions d'abord (à la promenade et au salon ou, à son défaut, la guinguette), les relations qui nous aideront à passer, *moralement*, de l'état de jeune ouvrier ou commis à celui d'homme civilement et industriellement établi ; pour que nous trouvions ensuite (à la bourse ou au marché, dans la garde nationale et au club), celles (bien entendu les relations) qui nous aideront pareillement à passer, pratiquement, de l'état d'homme civilement et industriellement établi à la position de chef de famille s'enrichissant d'enfants et de fortune ou de talent ; et pour que nous trouvions enfin (au temple et au musée, à la bibliothèque et aux délibérations toujours publiques du conseil municipal) encore les relations et moyens qui nous aideront semblablement à passer de cette dernière position de chef de famille s'enrichissant d'enfants, de fortune ou bien de talent, à la situation, civiquement honorable, de patron commanditaire ou d'ouvrier, maître-ès-arts en sa profession.

Voilà, n'est-il pas vrai, ce que devront faire de dignes maires et adjoints ; pour rendre leurs administrés aussi bons qu'utiles.

— Eh bien, pour que ces électeurs, jusqu'alors si protégés, puissent enfin devenir protecteurs ; pour qu'à leur tour ils puissent gratuitement aider, en leur vie publique et privée, ceux moins heureux qui les auront aidés et préparés, par leurs services de subordonnés, à passer de la vie privée à la vie publique ; ces dignes administrateurs que devront ils faire encore ?

— Le plus pénible peut être de leur tâche civique : abdiquer à temps ; pour qu'à leur place figurent, à leur tour (comme prudhommes, administrateurs ou conseillers) ceux dont l'âge se balance entre 42 et 49 ans, 49 et 56, ou 56 et 63.

Abdiquer à temps leurs fonctions civiques ! C'est-à-dire, terminer dignement dans la modestie (qui pare si bien ceux que leur grand âge remet, physiquement au moins, à la merci des autres) une existence qui aura, de la sorte, été aussi individuellement et socialement protectrice, dans ses deux quarts moyens, qu'individuellement et socialement protégée dans ses deux quarts extrêmes.

L'expression « *individuellement et socialement protégée dans ses deux quarts extrêmes* » voulant dire que le salaire ouvrier est, malheureusement encore, si peu juste ou si peu généreux, pour certains adultes, qu'épargner l'hôpital ou l'hospice à leurs vieillards (de 63 à

70 ans, 70 à 77 ou 77 à 84) leur est aussi impossible qu'éviter la crèche ou l'asile à leurs enfants !... Et le mot « dignement » signifiant qu'on ne mérite même pas la... pitié, à vouloir encore gouverner matériellement le présent et, qui pis est, préparer l'avenir ; quand déjà le cerveau ne peut physiologiquement plus qu'aimer et comprendre le passé.

En cet endroit de son discours, maître A + B se trouva si fatigué, qu'on dut suspendre la séance pendant 20 minutes environ.

Je profitai de cette interruption pour demander, à Lucifer, quelques explications ; et tout aussitôt nous causâmes ainsi qu'il suit :

Dialogue de Lucifer et du citoyen Ego. Suite du discours de Maître A + B sur l'organisation du canton, de l'arrondissement, du département et de l'intendance, par le suffrage universel se conseillant lui-même.

Ego. — Mylord, si j'ai bien compris maître A+B; ce qu'il nous a dit (au sujet des institutions communales, destinées à nous maintenir, d'un bout à l'autre de notre vie, en état corporel et mental aussi bon que possible) doit se résumer ainsi :

« Un excès de spiritualisme peut, aussi bien qu'un excès de maté-
» rialisme, nous rendre parfaitement indifférents à toute espèce de
» phénomènes sociaux. »

» Par conséquent, si vous désirez faire de vos enfants des hom-
» mes aussi actifs qu'intelligents et bons, des citoyens appréciant
» le réel autant que l'idéal, l'action autant que le raisonnement, et
» les opérations militaires nationalo-défensives autant que les tran-
» sactions industrielles et libérales cosmopolites, en un mot de véri-
» tables républicains; rapprochez *d'abord* l'enseignement du sous-
» officier gymnasiarque, éducateur de nos muscles, de celui de
» l'ignorantin qui devrait s'occuper surtout de notre caractère;
» et rapprochez *ensuite* les théories du savant et du philosophe
» (pourvoyeur de notre intelligence, et régulateur de notre enten-
» dement général) des exercices et instructions très-pratiques et très-
» concrets du maître-ès-arts industriels et de l'officier militaire.
» Car plus un enseignement devient abstrait ou mécanique et
» plus il est indispensable qu'il ait son inverse pour correctif. »

Lucifer. — C'est cela même!

Pour maître A + B, les mystiques sont des parasites sociaux tout aussi nuisibles que les abrutis; et les oisifs, qui ne font rien pour leur patrie *sous prétexte qu'elle est au ciel*, lui semblent aussi méprisables que les travailleurs qui refusent de s'occuper de leur pays, en disant que *les affaires ne doivent pas avoir* de nationalité.

Autrement dit, notre savant et brave ami veut, qu'avant toutes choses, nous soyons patriotes. Car il pose en principe que les derniers fauteurs de la civilisation théocratique et militaire (tant de chez nous que d'ailleurs) travailleront toujours à opprimer et toujours opprimeront les véritables producteurs, à grands coups de canon; ¡ant qu'aimer et savoir défendre la terre, les institutions et les hommes qui commencent (quoique nous devions faire un jour) par abmiter toute notre jeunesse, ne sera pas le premier préjugé des classes industrielles et libérables; et tant qu'élever leurs enfants en conséquence, n'en sera pas le second.

Ego. — Fort bien! Mais, parce qu'il faut, pour nous remettre en vigueur et bon sens patriotiques, mener de front l'éducation de notre corps et celle de notre âme; et compenser continuellement l'idéalism , que notre instruction personnelle comporte, par le réalisme, que nécessitent notre instruction civile et notre instruction civique; enlèverons-nous au chef-lieu de canton ses classes primaires et son école du peloton, en même temps qu'au. chef-lieu d'arrondissement son collége, ses ateliers et son institut militaire, pour les transporter au plus gros village (peut-être même hameau seulement) de la commune; quitte à voir tous ces établissements chômer de maîtres sinon d élèves?

Lucifer. — Non certainement; car ce serait enlever aux gamins et aux apprentis l'occasion de fréquenter, deux fois par jour au moins, les hommes et les choses qu'à leur tour ils devront protéger.

Ego. — C'est pourtant là ce que maître A+B vient de nous donner à entendre.

Lucifer. — Tenez pour certain qu'il serait désolé, tout le premier, qu'on fît pareille faute; et n'attribuez l'erreur, où vous a jeté l'obscurité de son langage, qu'à son extrême désir de ne pas morceler un plan d'éducation, sinon d'existence, auquel il attache la plus haute importance.

Je dis la plus haute importance; parce que nous n'avons aucun autre moyen, suivant lui, de guérir la fatale indifférence politico-religieuse, où nous ont plongés les deux ou trois aberrations, *démagogiques égalitaires*, et les trois ou quatre vindications et revendications, *pédagogiques autoritaires*, qui nous ont valu deux Empires et deux Restaurations de plus en plus dégradants et dégradés.

Ego. — Soit, Mylord, soit!

Mais ne serait-ce pas un enfantillage... (dans les circonstances aussi menaçantes qu'abominables où nous sommes placés, nous autres Français formant l'avant-garde en même temps peut-être que le dernier rempart des races latines, tant de l'ancien que du nouveau continent; races latines que veulent si carrément exterminer, ici

comme là-bas, les fils des ci-devant barbares du Nord, devenus pro·
testants, c'est-à-dire aussi parfaitement égoïstes nationalement qu'individuellement)... ne serait-ce pas, dis-je, un enfantillage de faire de
l'enseignement militaire une tierce branche seulement de l'éducation à donner à nos enfants ; et trouverions-nous, dans les ressources
que nous offrirait un pareil système de quoi défendre les deux cen-
tres maritimes de l'ancien et du nouveau monde.

Lucifer. — Non, ce ne serait ni nous désarmer ni commettre un
enfantillage ; vu que nous ne pouvons, biologiquement et socialement parlant, rien faire de plus rationnel, ni rien de plus avantageux.

Rien de plus rationnel ! Car du moment que nous ne pouvons
fructueusement étudier les manœuvres de la guerre offensive et les
travaux de la défensive, qu'aux âges de notre vie ou leurs exercices
et instructions sont, le plus qu'il est possible, en harmonie avec nos
besoins physiques et nos aspirations morales ; nous devons reporter le
premier de ces deux enseignements à la phase de notre existence où
l'éveil de nos forces musculaires et de notre instinct destructeur
s'annonce par la seconde poussée de nos dents carnassières, puisque
carnassiers nous sommes ; et le second à celle où pareillement s'annonce, par les premiers ornements de notre virilité, l'éveil de nos
premiers désirs prolifiques et de notre génie constructeur, puisque
virilement nous sommes ornés bien avant de pouvoir produire.

Ego. — Ainsi, vous croyez......

Lucifer. — ...... que les serviteurs pratiques du Dieu terrible
des batailles doivent imiter la sagesse de ses adorateurs théoriques ;
et, partant, rapprocher (comme firent et font ces derniers) leurs
exercices et explications de l'âge où, pouvant encore inspirer quel-
qu'enthousiasme, ils peuvent (par cela même) faire encore un peu
de bien en nous formant enfin quelques bons généraux.

J'ai dit pour le plus rationnel ; je passe au plus avantageux.

— En nous arrachant à notre famille, à notre profession et au
monde civil, un an avant que la loi nous fasse majeurs et déclare capables de penser et agir par nous-mêmes ; que fait de nous
l'inscription maritime ou la conscription qui nous maintient trois,
cinq, sept ans (quelquefois plus) sous le joug de l'obéissance passive ?

— Des hommes aussi dépourvus d'énergie que d'originalité (n'est-
il pas vrai ?), des êtres ne sachant, ou, qui pis est, ne voulant plus
travailler de leur profession ; des mutilés d'âme ou de corps, sinon

des deux (de par Mars, Vénus ou Bacchus) des mutilés plus aptes à faire de vieux célibataires employés, n'osant aider une honnête femme à vivre, que des créateurs de beaux et légitimes enfants ainsi que de bons produits industriels ; des trembleurs enfin, préférant, aux chances si souvent épineuses de la fortune et de l'indépendance, la ration presque toujours insuffisante et servile du pain assuré.

Ego. — Sauf un peu d'exagération ; rien de plus vrai cependant.

Lucifer. — Donc, si par la rigoureuse observation du plan d'éducation que maître A+B nous propose, la France, munie de bons cadres et surtout de bons généraux, pouvait, à ses 150 à 200 mille hommes au plus de marine, génie, artillerie et gendarmerie ajouter, comme premier banc de sa défense nationale, plus d'un million de jeunes gens âgés de 21 à 28 ans, comptant 14 années d'instruction militaire ; plus, comme second banc, plus d'un million encore de citoyens de 28 à 35 ans d'âge, sachant manier les armes depuis 21 ans au moins ; plus encore, comme troisième banc, un million environ d'hommes âgés de 35 à 42 ans n'ayant pas encore oublié comment on se bat ; sans compter à la rigueur, en cas extrême, a peu près 500 mille adultes, de 42 à 49 ans, pouvant faire un service intérieur..... Si, dis-je, par l'observation rigoureuse d'un pareil plan d'éducation civique, la France pouvait organiser sa défense de la sorte ; nous n'aurions certainement pas besoin d'avoir en permanence 500 mille hommes hors de leurs foyers, pour défendre nos *monocrates*, contre le mépris et la haine de nos compatriotes, augmentés de la haine et du mépris des étrangers ; nos jeunes gens feraient mieux qu'épuiser leurs aspirations industrielles, domestiques et sociales dans les corps de gardes, les cafés ou autres lieux moins avouables encore ; et nous n'aurions pas la honte d'être, de tous les peuples de l'Europe, les moins habiles à grandir notre population, numériquement sinon moralement.

Ego. — Soit, mais avec un système aussi exclusivement défensif, qui nous rendra nos concitoyens et nos terres d'Alsace et Lorraine ?

Lucifer. — Ceux qui, pour nous imiter, devront briser tout d'abord un césarisme qui ne veut que les opprimer et tromper !..... comme (il y a 63 ans, sinon 76) nous opprima et trompa le césarisme dont, pour la seconde fois, nous subissons les déplorable conséquences.

Mais écoutons ! Maître A + B reprend la parole.

Ego. — Effectivement, il était remonté à la tribune, et disait :

Messieurs, à mesure que la puissante logique des événements force l'homme à perfectionner tout ce qui l'entoure en se perfectionnant lui-même ; la pulpe cérébrale qui lui sert à composer ses chairs, ses mouvements et ses pensées, devient si délicate, qu'il lui faut une liberté de plus en plus grande pour ne pas être contrariée en son triple office de régulateur plastique, mécanique et mental.

Or il en est des Sociétés que nous formons comme de nous-mêmes.

Donc, puisque le canton est un groupe social politique plus grand, plus complexe et, partant, plus important que la commune ; il lui faut, pour conserver, dans la patrie sa juste part d'indépendance et d'activité, des chefs spirituels et temporels encore plus habiles que les maires et les adjoints.

— Eh bien, pour avoir ces plus habiles qui, forcément, ne seront pas tous du voisinage de leurs électeurs et, partant, leur seront moins connus ; comment nous y prendrons-nous ?

— Tout bonnement nous ferons guider ces susdits électeurs, vers le choix des futurs conseillers cantonaux qui devront leur indiquer ces plus habiles, par ceux qu'ils auront déjà proclamés tels : Messieurs les maires et adjoints qu'il se seront donnés.

— Par conséquent, c'est à peu près ainsi que devra commencer le second chapitre, livre (ou autre titre divisionnaire) de notre future Constitution.

CHARTE DU CANTON.

Article 1er. — Parce que (dans un pays où la liberté individuelle, la liberté civile et la liberté civique ne sont pas de vains mots, dans un pays vraiment républicain) le canton doit, en ses allures administratives, politiques et mentales, être pour le moins aussi indépendant et, si faire se peut, mieux conseillé que chacune de ses communes constituantes ; les maires et adjoints de celles-ci, se réuniront, à jour fixe, de leur propre mouvement et pleine autorité, dans la salle des actes et délibérations civiles et civiques de la plus centrale d'entre elles, pour examiner publiquement le mérite de ceux qui aspirent à devenir les chefs spirituels de leur canton ; en obtenant du suffrage de leurs concitoyens la dignité de conseiller cantonal.

(Il va sans dire que, dans ce conseil cantonal, l'élément ouvrier

et l'élément bourgeois industriel, ainsi que l'élément bourgeois libéral, seront également bien représentés.)

Articles 2, 3, 4, 5 et 6. — A copier, mot pour mot, sur les articles
2, 3, 4, 5 et 6 de la charte communale.

Article 7. — Un certain nombre déterminé de jours après la pro-
mulgation de toutes les listes de noms recommandés ; les électeurs
se réuniront de leur propre mouvement, et cœtera et cœtera...; pour
procéder au vote, par bulletins également valables, qu'ils soient
signés ou non.

(Je dis toutes les listes de noms recommandés ; parce que celle
des maires et adjoints ne saurait être plus constitutionnelle que les
autres et, par conséquent, ne saurait, plus que les autres, commander l'exclusion ou la contrainte.)

Articles 8, 9, 10, 11, 12 et 13. — A copier sur les articles n $+$ 1,
n $+$ 2, n $+$ 3, n $+$ 4, n $+$ 5 et n $+$ 6 de la charte communale ; en
changeant tout simplement les expressions *commune, maire* et *adjoints*
en celles de *canton, chef de canton* et *sous-chefs de canton.*

Je passe à l'organisation de l'arrondissement.

Messieurs, si j'ai su vous faire deviner le mode électoro-gouvernemental que je vous propose, mode qui force (pour ainsi dire) le
suffrage universel à tamiser d'autant mieux ses choix qu'ils deviennent plus importants ; vous devez comprendre que, l'arrondissement
étant au canton juste ce que ce dernier est à la commune, on devra,
pour doter ce dit arrondissement de ses chefs spirituels et temporels,
c'est-à-dire, de ses conseillers et administrateurs, faire manœuvrer
les électeurs et les élus de ses cantons constituants comme, précisément, viennent de faire les électeurs et les élus des communes de
chacun d'eux, pour se gratifier de conseillers municipaux, de maires
et d'adjoints.

Eh bien, si vous comprenez cela ; par la même occasion, vous
devez comprendre que, pour rédiger la *charte de l'arrondissement,*
nous devons tout bonnement copier celle du canton, en y changeant
respectivement les mots *commune, conseillers de commune, chef* et *sous-
chefs de commune,* et, finalement, *canton,* en ceux de *canton, conseillers
de canton, chef* et *sous-chefs de canton* et, finalement aussi, *arrondissement.*

Mais, à son tour, le département est à l'arrondissement juste ce qu'est ce dernier au canton. Donc, la charte de l'arrondissement étant une fois obtenue, nous n'aurons plus, évidemment, qu'à y mettre aussi au lieu et place des mots *canton, conseillers de canton, chef et sous-chefs de canton* et *arrondissement* ceux *d'arrondissement, conseillers d'arrondissement, chef et sous-chefs d'arrondissement* et *département ;* pour avoir la charte de ce dernier.

Pour avoir la charte de ce dernier ! Comme pareillement, en cette charte départementale, il nous suffira de remplacer les deux mots *arrondissement* et *département* par ceux de *département* et *intendance ;* pour avoir la charte de cette susdite intendance si !... Si le département est pour elle, juste ce qu'est pour lui l'arrondissement.

Eh bien, c'est précisément ce que doit être cette nouvelle institution nationale.

Nous définirons donc l'intendance, un groupe départemental (formant à la fois circonscription diocésaine, académique, judiciaire, administrative et militaire ou maritime, à chefs spirituels et temporels authoctones et sortis du suffrage universel)... un groupe départemental que nous devrons organiser au plus vite en France, afin de nous régénérer par la décentralisation.

Je dis afin de nous régénérer par la décentralisation ; parce que je tiens pour certain, *premièrement,* qu'il ne se fera aucune amélioration dans l'esprit, le cœur et le caractère des habitants de nos 86 diocèses, ne sais combien de consistoires, 17 académies, 22 cours ci-devant impériales, 89 préfectures, 5 arrondissements maritimes et 22 divisions militaires ; tant que les employés d'un *monocrate,* exécutif et central, aussi lointain qu'inaccessible, s'efforceront d'imposer son unique manière d'agir et de voir à nos populations si diverses ; et, *secondement,* que, tout au contraire, la vie civique et le patriotisme renaîtront partout en France, dès que des chefs spirituels et temporels, issus du suffrage universel, appelleront sur leurs travaux, de toutes natures, l'attention de leurs concitoyens ; *par cela même qu'ils ne relèveront que d'eux seuls.*

V

Comment le suffrage universel peut, en se conseillant lui-même, constituer: 1° le pouvoir numérique, matériel, végétatif ou local de la nation; et 2° son pouvoir exécutif, temporel ou central.

Messieurs, au point où nous en sommes arrivés, nous n'avons plus qu'à traiter des trois grands pouvoirs (matériel, temporel et spirituel) de la *patrie* ou *nation* pour avoir complétement ébauché notre projet de constitution, c'est-à-dire avoir fourni le canevas des six chartes (communale, cantonale, arrondissementale, départementale, intendancière et enfin nationale) qui doivent y figurer.

Par conséquent, disons le plus vite possible comment on devra choisir et nommer ces trois pouvoirs suprêmes... en n'employant jamais (n'oublions pas ce point capital) que les élus du suffrage universel comme guides, et lui comme consécrateur..., en le laissant toujours aussi libre de fonctionner directement, quand les problèmes à lui poser seront de sa compétence; qu'en l'entourant, au contraire, des plus loyales et plus minutieuses précautions, quand les questions à lui soumettre dépasseront évidemment les bornes de ses préoccupations habituelles, sinon de ses connaissances probables.

Le premier de ces trois grands pouvoirs nationaux (celui dont nous avons traité jusqu'ici les différents diminutifs de pouvoirs végétatif, numérique, matériel ou local) doit, n'est-il pas vrai, *représenter* l'ensemble des électeurs du pays? Donc, nous pouvons fort bien le nommer *Chambre des représentants du peuple.*

Eh bien! faisons-le; et, pour que sa composition réponde à sa mission, examinons le rôle qui lui incombera.

En tant que pouvoir *végétatif*, cette chambre devra surveiller l'état sanitaire des familles qui constituent le peuple français. En tant que pouvoir *numérique*, elle devra protéger leurs aptitudes prolifiques. En tant que pouvoir *matériel*, faire économiser leur avoir financier. Enfin, en tant que pouvoir *local*, s'occuper de l'emménagement et de la salubrité des pays qu'elles habitent.

Donc elle aura pour mission de contrôler continuellement l'usage du sol, des hommes et des capitaux que ces différentes familles employeraient pour elles-mêmes, si le pouvoir central ne les leur demandait pour le service de tous.

Donc ses différents membres devront connaître parfaitement bien leurs électeurs, leurs ressources respectives et celles de leur pays.

Donc enfin, pour qu'ils satisfassent à ces trois conditions primordiales, nous ne les choisirons que parmi les habitants mêmes du pays à représenter.

Par ce moyen fort simple, si, à ce premier de nos trois plus grands pouvoirs nationaux, il n'y a que peu d'hommes habitués à manier le discours, ce qui ne serait pas un mal; en revanche, il y en aura beaucoup qui seront capables de parler et surtout de délibérer à bon escient.

Messieurs, parce que nous voulons en finir avec cette exclamation politique, aussi naïve qu'universelle : *Nous a-t il assez trompés!* et parce que nous savons fort bien que si nul n'est prophète en son pays, au pays des autres un inconnu peut fort bien se faire passer pour tel, à force de réclames; nous avons reconnu qu'il était indispensable que tout représentant du peuple fût un habitant réel et sérieux de la localité qui l'aura choisi.

Eh bien, cette localité ou, ce qui est tout un, cette circonscription électorale nouvelle (non plus administrative seulement, mais bel et bien politique), comment l'instituerons-nous ?

— Sera-ce la commune ?

— Non, car un seul représentant pour chacune d'elles nous fournirait une assemblée numériquement impossible : 38,000 membres !

— Ce sera donc le canton ?

— Pas davantage, vu que nous aurions trop de monde encore : 2,938 personnes.

— Alors, l'arrondissement?

— Non plus, car ce serait insuffisant : 375 députés seulement.

— Eh bien, son tiers ou sa moitié?

— Adoptons cette dernière, et nous aurons, à une unité près, une chambre aussi nombreuse que la Convention de 92, qui fit des choses si grandes et si belles.

— Messieurs, le nombre et la provenance des futurs représentants du peuple sont fixés. Que nous reste-t-il à faire?

— Les choisir.

— Sans aucun doute; mais comment?

— En vue de leur destination future, que nous avons dit devoir se borner à contrôler continuellement le pouvoir central.

— Contrôler! en bonne part s'entend, c'est-à-dire le seconder autant en ses bons errements, que le contrecarrer en ses mauvais?

— Cela va sans dire.

— Donc, puisque ce pouvoir central ou exécutif doit être, avant et par dessus toutes choses, bon administrateur; avant et par dessus toutes choses aussi, les représentants du peuple devront être eux-mêmes bons administrateurs. Par conséquent, c'est à ceux qu'ils auront proclamés tels, c'est-à-dire aux chefs et sous-chefs des cantons de chaque demi-arrondissement, à guider les électeurs dans le choix de leurs futurs représentants inviolables.

— Mais, direz-vous, les électeurs de chaque demi arrondissement seront-ils à même de vérifier, suffisamment bien et par eux-mêmes, le mérite des hommes qu'on leur recommandera?

— Suffisamment bien et par eux-mêmes! Oui. Car le nombre des vrais producteurs, campagnards surtout, qui ne savent à quoi s'en tenir, sur le compte des hommes un peu notables de leur canton et de ses avoisinants, est tellement petit que, certainement, il ne saurait déterminer un *mauvais choix involontaire*; quand bien même les conseils des chefs et sous-chefs de canton ne guideraient point les électeurs.

— Conclusion?

Conclusion. Puisque le demi-arrondissement, pris pour circonscription électorale de la chambre des représentants du peuple, peut la garnir d'un nombre de députés suffisamment connus et en nombre suffisant; prenons ce demi-arrondissement pour base et poursuivons la rédaction de notre future constitution en disant:

CHARTE DE LA PATRIE OU NATION.

CHAPITRE PREMIER.

De la Chambre des représentants du peuple ou, ce qui est tout un, du pouvoir local *uniquement* chargé de surveiller les intérêts sanitaires et financiers de toutes les familles françaises, en votant l'impôt et le contingent.

Article 1er. Parce qu'en un pays véritablement républicain, la qualité politique de chaque homme honorable et majeur, en un mot, citoyen ne doit jamais s'éteindre, jamais être sans représentant et (surtout, surtout!) n'être jamais soumise au vouloir, bon ou mauvais, du pouvoir central, qui n'est, en définitive, qu'un mandataire exécutif; les chefs et sous-chefs temporels des cantons formant un même demi-arrondissement se réuniront, de leur propre mouvement et pleine autorité, à une époque fixe et déterminée par la loi, dans la salle des actes et délibérations civiles et civiques du plus central de ces susdits cantons; pour examiner publiquement le mérite des hommes qui ambitionnent d'être élevés, par le suffrage de leurs concitoyens, à la *dignité inviolable* de représentants du peuple.

Articles, 2, 3, 4, 5 et 6. A calquer, sinon copier mot pour mot, sur les articles 2, 3, 4, 5 et 6 de la charte de la commune.

Messieurs, plusieurs articles concernant les conditions d'éligibilité à la dignité de représentant du peuple, l'inviolabilité inhérente à leur personne, le règlement de leur chambre, la nature de son mandat, sa durée, et cœtera et cœtera....., devraient prendre place ici. Mais, parce que trop de détails nuiraient à l'ensemble que nous devons contempler seul, quant à présent; j'ajourne, à plus tard, l'examen complet de toutes ces questions. C'est donc à titre de renseignements, purs et simples, que j'ajouterai ici les quelques considérations suivantes.

1o Parce qu'une nation se compose de familles et non d'individus; contrairement à ce qui n'est que trop fréquemment arrivé jusqu'à présent; la chambre des représentants du peuple ne renfermera que des hommes mariés ou veufs.

2o Parce que la chambre des représentants du peuple est, comme le pouvoir exécutif, responsable de ses faits et gestes (je dirai bientôt

devant quel tribunal) ; contrairement encore à ce qui n'est que trop
fréquemment arrivé jusqu'à présent, cette susdite chambre n'aura
pas plus d'ordre de réunion, de dissolution, prorogation ou toute
autre sorte, à recevoir de ce susdit pouvoir exécutif que lui d'elle.

3o Parce qu'une chambre de députés n'est pas plus faite pour violenter ou laisser violenter un de ses membres, que la patrie pour attaquer ou laisser attaquer un quelconque de ses éléments territo-
riaux ; et parce que l'inviolabilité du représentant du peuple lui
vient du suffrage universel, qui ne saurait être annulé un seul ins-
tant en ses effets ; contrairement aussi à ce qui n'est que trop fréquemment arrivé jusqu'à présent, les électeurs auront seuls pouvoir
d'autoriser un sévice quelconque contre leur élu.

4o Parce que tout mandat impératif met celui qui l'accepte en état
de suspicion, et qu'un représentant du peuple doit être, avant tout,
réputé honnête ; toute élection qui sera conditionnelle sera nulle de
fait. Mais !

5o Mais, parce qu'il n'est que trop trouvent arrivé à certains hommes
politiques de mentir à leur mission, en se sentant élus pour un temps
assez long ; pour que la flétrissure puisse frapper, demain, celui qui
faussera, aujourd'hui, sa profession de foi d'hier ; contrairement
encore à tout ce qui s'est vu sous la monarchie, la chambre des représentants du peuple ne sera nommée que pour trois ans.

Je passe à l'organisation du second de nos trois grands pouvoirs
nationaux : celui qui a nom Pouvoir exécutif, central ou temporel.

— Quel but doit-il poursuivre ?

— Faire converger toutes les forces vives, tant humaines que ma-
térielles du pays, vers une seule et même résultante : la prospérité
nationale.

— Ces forces, où finalement devra-t-il les atteindre ?

— Où elles résident. Au sein des familles et dans leur avoir.

— Donc, il y aura quelquefois, sinon souvent, conflit entre ces
dites familles ou, ce qui est tout un, l'ensemble de leurs délégués
(c'est-à-dire, la chambre des représentants du peuple) et ce susdit
pouvoir exécutif.

Car autant ce dernier sera mis, par la nature même de sa *mission
nationale et internationale*, au point de vue d'une politique générale
et patriotique ; autant, au contraire, en vertu de l'*origine semi-
arrondissementale* de ses membres, la chambre en question ne sor-
tira, pour ainsi dire pas de ses préjugés, habitudes et spéculations

toutes de clocher, pour ne pas dire, toutes domestiques et quasi-particulières.

Eh bien, parce qu'il **y aura possibilité** de conflit entre ces deux pouvoirs: afin d'éviter les coups d'état ou les révolutions, c'est-à-dire le triomphe à main armée du pouvoir central ou du pouvoir local, triomphe qui manque rarement (dans le premier cas surtout) d'aboutir à des infamies sommaires; non-seulement nous devons faire conseiller les électeurs le mieux possible, à l'occasion du choix de ce pouvoir central; mais, qui plus est, nous devons encore interposer entre lui et son contrôleur constitutionnel (la chambre des représentants du peuple) un troisième grand pouvoir national capable, au cas échéant: 1º de fonctionner comme leur arbitre suprême ; 2º d'empêcher l'effusion du sang ; et 3º de faire (en jugeant et punissant le ou les coupables) autre chose qu'un vain mot de leur responsabilité respective.

Mais, évidemment, je vais trop vite. Donc j'en reviens à notre grand pouvoir national.

— Quelle sera sa tâche ?

—Nous l'avons indiquée : faire, en grand, la même chose que, sur une moindre échelle, nos chefs et sous-chefs d'intendances, départements, arrondissements, cantons et communes : rendre unitaire ou patriotique l'activité administrative, judiciaire, financière, militaire, enseignante de toutes façons et travaillante de nos dix-sept intendances.

— Eh bien, pour jouer un pareil rôle ; que faut-il être?

— Eminemment administrateur, cela va sans dire.

— Donc, puisque nos chefs et sous-chefs du pouvoir exécutif devront être tels ; très-naturellement, nous devrons donner pour conseillers aux électeurs ceux que leurs suffrages (en quête d'administrateurs de plus en plus habiles) auront acclamés en cette qualité : tous les intendanciers et sous-intendanciers de France.

Par conséquent, c'est à peu près de la sorte que nous devrons continuer à rédiger notre future Constitution.

CHARTE NATIONALE.

CHAPITRE DEUXIÈME.

Du pouvoir exécutif, temporel ou central de la patrie.

Article 1er. Parce qu'on doit au suffrage universel des conseils d'autant meilleurs et *plus nombreux* qu'on lui pose un problème social plus difficile à résoudre; et parce que les chefs et sous-chefs d'intendance sont, évidemment, à un point de vue plus élevé que celui des hommes qui ne gouvernent que des départements, des arrondissements ou autres localités plus petites; ces intendançiers et sous-intendanciers se réuniront, de leur propre mouvement et pleine autorité, à une époque fixée par la loi, en la salle des actes et délibérations civiques et civile de l'intendance la plus centrale; afin d'examiner publiquement le mérite de ceux qui se proposent de gouverner *temporellement*, *gratuitement* et *temporairement*, tous leurs compatriotes, en obtenant d'eux les dignités de chef et sous-chefs du pouvoir exécutif.

Articles 2, 3 et 4. A copier mot pour mot sur les articles 2, 3 et 4 de la charte de la commune.

Messieurs, le conseil est donné par les hommes les mieux placés pour bien juger la question. Toutes les localités françaises ont eu le temps d'apprécier les choix proposés par les intendanciers, sous-intendanciers et autres notabilités officielles ou non. On n'a plus qu'à voter sur une question grave, très-grave, si grave qu'elle peut déterminer la perte de la France !

Eh bien, ferons-nous en cette occasion comme dans toutes les précédentes; où nous rappelant le mal épouvantable que peut faire à notre pays et même au monde un parleur comme Robespierre ou un sabreur comme Bonaparte ; chercherons-nous dans le vote lui-même une manière de plus de conseiller encore les électeurs ?

Ne l'oublions pas. Le suffrage universel a deux fois étranglé sa mère la République ; et, pour ce motif, nous avons décidé que plus serait grave la question à lui soumise, plus nous le ferions fréquemment et bien conseiller.

Or le choix du pouvoir exécutif est certainement la question la plus difficile qu'il puisse avoir à résoudre.

Donc, après lui avoir donné, si je peux ainsi dire, la *qualité* de l'avis ; donnons-lui en la *quantité*, si tant est que cette quantité ne soit pas elle-même un complément de qualité.

Je m'explique.

Il est incontestable que toute personne (dont la famille à puisé, dans le repos des campagnes, les éléments nerveux de la supériorité intellectuelle, administrative ou manuelle dont elle l'a douée) s'achemine, de son hameau, de son village ou de sa petite ville vers le chef-lieu de sa commune, de son canton, de son arrondissement, et cœtera, voire même de sa patrie ; suivant qu'elle a besoin d'un théâtre moins ou plus grand pour donner l'essor aux qualités de son esprit, de son caractère ou de son cœur. Et non moins incontestable il est que la marche inverse est suivie par les fils des familles, qui périclitent en un milieu social trop épuisant, quand ils ne veulent pas mourir à la peine.

On peut donc dire d'une façon générale, qui ne saurait offenser *moralement* qui que ce soit, que le niveau mental (pratico-intellectuel surtout, c'est-à-dire politique) est bien plus élevé dans les capitales que dans les grandes villes, dans celles-ci que dans les petites, et dans ces dernières que dans les simples villages, bourgs ou hameaux.

Eh bien ! parce qu'il en est ainsi, et parce que le bon sens et la probité patriotiques nous ordonnent de tamiser nos élus d'autant mieux que nous leur confions une fonction plus haute en même temps que plus dangereuse ; nous rédigerons, par exception et comme il suit, l'article 5 du chapitre second de notre future charte nationale.

Article 5. Comme le suffrage universel a seul pouvoir de nommer et consacrer ceux qui se croient dignes de gouverner temporellement tous leurs compatriotes, et parce qu'on ne saurait entourer de trop de contrôles une élection si importante ; afin que les plus petites localités ne méconnaissent pas le vote des hommes les plus éminents qu'elles auront produits ; les électeurs de la capitale (tant qu'il y aura capitale en France) procéderont au vote, aussitôt que le délai nécessaire aux méditations de chacun sera écoulé.

Trois jours après le vote de Paris, voteront les électeurs des 16 autres chefs-lieux d'intendance ; deux jours après, ceux des chefs-lieux de département en feront autant ; puis en feront encore autant, après un laps de temps convenable, ceux des chefs-lieux d'arrondissement; puis ensuite ceux des chefs-lieux de canton; et finalement ceux des communes.

Par ce moyen fort simple (basé sur cette considération toute morale, que les supériorités émigrantes des plus simples localités doivent conseiller leurs concitoyens, moins heureusement doués qu'eux) nous parviendrons j'espère à faire tomber cette jalousie si funeste des campagnes contre les villes.

Je dis si funeste; parce que, depuis le début du grand drame politique et religieux (dont 89, 1830 et 48 sont pour nous les trois premiers actes), tout pédagogue ou démagogue qui n'a pas craint d'ameuter la quantité des votants contre la qualité du vote (en mentant effrontément aux campagnes), a toujours réussi à s'emparer du pouvoir central et à devenir monocrate, sous un nom ou sous un autre, à notre plus grande honte et pour nos plus grands malheurs !

Article 6. Identiquement copié sur celui de la commune.

Messieurs, plusieurs articles concernant les conditions d'éligibi·lité à la dignité de chef ou sous-chef du pouvoir exécutif, l'inviola·bilité ainsi que la responsabilité inhérente à cette fonction, la nature de son mandat, sa durée, et cœtera, et cœtera, devrai entprendre place ici. Mais, comme je dois m'abstenir de tout détail secondaire, crainte de surcharger l'ensemble du plan que je vous expose; j'ajourne à plus tard l'examen de toutes ces questions.

Donc, c'est à titre de simple renseignement que j'ajouterai (sans en donner, pour le moment, aucun motif biologique, historique ou sociologique), *premièrement* que nul ne pourra exercer la très-paternelle fonction de chef ou sous-chef du pouvoir exécutif, s'il n'est ou n'a été père de famille, l'adoption pouvant d'ailleurs servir de correctif à la nature; et *secondement*, que nul aussi ne pourra tenir cet emploi plus de sept années consécutives.

C'est assez vous dire que fixer à une demi-génération politique la durée du mandat d'un chef de pouvoir exécutif, et ne la renouveler qu'une seule fois, par une rarissime exception, me paraissent choses éminemment sages et, partant, républicaines, en un temps où tout s'use énormément vite, parce que tout progresse avec une rapidité vertigineuse.

Messieurs, j'en arrive à la partie la plus neuve et certainement la plus scabreuse du plan constitutionnel que je vous propose...

A peine cette phrase était-elle achevée, que ce cri de commisération unanime : « Reposez-vous ! reposez vous ! » assaillit maître A+B, de telle sorte qu'il fallut absolument suspendre la séance.

En sortant, j'offris le bras à Lucifer, et, chemin faisant, nous causâmes et entendîmes causer comme je vais le rapporter.

Ego.— Parce qu'on aura décrété l'application du mode électoro gouvernemental qui vient de nous être exposé; s'en suivra-t-il, Mylord, que les bons administrateurs, les hommes ayant su loyalement faire fortune viendront s'offrir au suffrage universel?

Et parce que, s'y étant offert, ils auront été acclamés; s'en suivrat-il aussi que (lorsqu'ils fonctionneront au lieu et place des maires, adjoints, préfets et sous-préfets choisis par un monocrate quelconque) nos affaires en iront mieux?

Lucifer. — Oui, nos affaires en iront mieux, beaucoup mieux; si ces bons administrateurs nous gouvernent.

Et, oui encore, ces bons administrateurs s'offriront au suffrage universel et seront acclamés; si nous-mêmes sommes bons citoyens, c'est-à-dire véritables républicains et non purs révolutionnaires.....

..... Si nous posons en principe que le monde industriel et libéral se compose, *premièrement*, d'inventeurs plus habiles à manœuvrer les lois des choses que les choses elles-mêmes; *secondement*, de réalisateurs plus habiles, au contraire, à manœuvrer ces choses ellesmêmes que leurs lois; et, *troisièmement*, d'administrateurs plus habiles, eux aussi (à l'inverse de ceux-là et de ceux-ci) à manœuvrer ces susdits réalisateurs, plus ces susdits inventeurs, plus encore, le capital ou le crédit (c'est-à-dire le signe social de leurs inventions et réalisations, faites ou à faire) que la matière qu'elles renferment et les lois qui président à ses transformations.....

Si, dis-je, nous posons en principe que les trois éléments constitifs du monde industriel et libéral, *qu'il s'agit de gouverner*, sont ainsi faits; et que, par conséquent, la terre ne nous donnant rien sans labeur, c'est à son tiers-élément, sachant gouverner le travail, à gouverner ses deux autres collègues.

Sachant gouverner le travail, voulant dire : sachant lui assurer des fournisseurs de matières premières et des acheteurs de produits définitifs; après avoir, au préalable, su combiner dans l'usine la force intellectuelle de l'inventeur à l'habileté manuelle du réalisateur; en n'employant jamais... remarquez bien ce point essentiel... en n'employant jamais, pour opérer ce quadruple phénomène, que *l'offre*, comme lien moral, et le représentant social de ce travail lui-même, *l'argent* ou *le papier*, comme engin matériel.

Ego. — Ainsi.....

Lucifer. — ..... Comme il ne s'agit pas (en matière de gouvernement central, exécutif ou temporel) de faire converger, vers un même but, des idées purement abstraites ou bien des actions exclusivement mécaniques, mais bel et bien des efforts humains, intellectuels et manuels, déterminés par des volontés ; le pouvoir ne revient pas du tout à ceux qui (de par la nature de leur esprit ou de leurs sentiments) ne savent, peuvent ou aiment seulement que manœuvrer des idées ou des choses ; mais bel et bien à ceux qui (de par la trempe de leur caractère) aiment, peuvent ou savent plier les volontés des autres à la leur.

Ego. — Donc, dans le mode électoro-gouvernemental que nous propose maître A+B, les pouvoirs temporel, spirituel et matériel de la commune, du canton, de l'arrondissement, et cœtera et cœtera..., seront composés respectivement, le premier, d'industriels prouvant, de par leur fortune faite, qu'ils savent gagner de l'argent et, le second comme le troisième, de savants et d'ouvriers prouvant, de par la médiocrité même de leur avoir, qu'ils sont incapables d'en faire autant.

Lucifer. — Oui ! Absolument comme, dans la famille en plein état normal, les pouvoirs temporel, spirituel et matériel sont respectivement composés, le premier, d'un adulte en pleine vigueur productive, au physique ainsi qu'au moral ; le second, de grands parents, exclusivement habiles au conseil ; et, le troisième (numérique et végétatif par excellence) d'une femme ne pouvant pas toujours travailler.... extérieurement.... et de plusieurs enfants ne pouvant pas encore le faire.

Toute société humaine, grande ou petite, qui n'est point emménagée de telle sorte que chacun y joue son rôle à sa place et à son tour, que toujours le passé y conseille le présent, dans un sens favorable à l'avenir, ne peut que vivre d'une façon précaire et finir mal.

Ego. — Oui, mais dans la famille, que vous prenez pour type, l'adulte, en pleine vigueur productive, au physique ainsi qu'au moral, nourrit à lui seul tout le monde.....

Lucifer. — ..... A la condition d'être payé de son *temporel et temporaire* dévouement à tout le monde, par la vénération de tout le monde à lui.

Ego. — Donc les industriels enrichis doivent administrer gratuitement les pauvres qui ne savent travailler qu'à la façon des savants ou des artistes.....

Lucifer. — ... et ces pauvres leur en savoir gré.

Dévouement de celui qui donne (parce qu'il a su acquérir) à qui n'a pas ; et vénération de qui n'a pas su acquérir (parce qu'il n'est pas né administrateur) à qui lui donne : tel est tout le secret moral du régime que nous propose maître A+B.

Ego. — Soit ! Mais à quoi bon, copiant le passé, transformer en dignitaires ces futurs administrateurs de tous grades et ces futurs conseillers de tous rangs.

Lucifer, visiblement impatienté. — Jeune homme, celui qui veut légiférer les hommes doit, tout d'abord, se donner la peine de les bien connaître.

Eh bien, cette peine ; maître A+B, soyez-en sûr, se l'est consciencieusement donnée ; avant de poser en principe qu'il fallait, pour administrer un pays, aspirant à devenir exclusivement industriel, pacifique et libéral, des hommes d'origine éminemment libérale, industrielle et pacifique ; c'est-à-dire des gagneurs d'argent. — Et, parce qu'il se l'est consciencieusement donnée, tout naturellement il a divisé, en deux grandes catégories, ceux de ces gagneurs qui aspirent aux fonctions publiques : savoir la catégorie du gagneur d'argent chez qui l'orgueil prime l'amour du gain, et la catégorie du gagneur d'argent chez qui l'amour du gain prime au contraire l'orgueil :

Ou, si vous préférez d'autres mots, la catégorie de l'administrateur qui, pressentant l'avenir, cherche, dans la fortune, les moyens d'obtenir, de ses ex-collaborateurs, de nobles et souhaitables distinctions le mettant à même de les aider en leur vie civique et civile, comme ils l'aidèrent en sa vie individuelle, domestique et industrielle : et la catégorie toute contraire du thésauriseur insatiable qui (ne comprenant rien au mouvement actuel et, partant, n'estimant encore que les détestables croquants du passé) n'aspire à la richesse que pour acheter, de nos ci-devant oppresseurs, des titres et priviléges qui le mettent à même de gagner plus que jamais ; en opprimant et pressurant plus que jamais aussi, ses anciens auxiliaires de travail.

Tels sont, entre autres bourgeois éminemment traîtres à la civilisation moderne, les hauts financiers, les grands entrepreneurs et les vénals écrivains ou bavards, qui aidèrent les restaurations monarchiques de 1804, de 1815, de 1830 et de 1852.

Ego. — Conclusion ?

Lucifer. — Conclusion !

Ou bien, disciples enthousiastes des savants, généreux et philanthropes Voltaire et Diderot, vous aurez pour le véritable administrateur et le vrai savant (c'est à-dire, le travail qui s'offre et la science qui démontre) encore plus d'honneurs et de vénération que vous n'en avez eu jusqu'à présent pour le militaire et le théologien (c'est-à-dire aussi, la force qui s'impose et la superstition qui affirme) ; auquel cas, vous vous laisserez gouverner et sauver, au temporel aussi bien qu'au spirituel, par des hommes comme Danton et Concorcet, Cambon et Lavoisier, que vous défendrez contre les égalitaires d'en bas aussi bien que d'en haut ; pendant qu'ils travailleront pour vous et de tête et d'argent :

Ou bien, partisans farouches du sophiste, envieux et misanthrope Rousseau (variante guindée ou variante voyou, variante Robespierre ou variante Marat, variante bourreau ou variante hurlante), vous prendrez en suspicion et haine toute espèce de supériorité ; détournerez de vous toute capacité administrative plus ambitieuse qu'avare ; et tomberez fatalement, à force de vociférations et de violences, dans la dépendance de misérables renégats politiques et religieux (comme les Foucher et les Talleyrand), qui vous vendront, de plus en plus et de plus en plus cher, à des impérialistes, des légitimistes ou des constitutionnalistes valant tous de moins en moins.

Valant tous de moins en moins ! C'est-à-dire vous volant et, qui pis est, laissant voler de plus en plus par de prétendus administrateurs plus avares qu'orgueilleux.

Ego. — Heureux ! si, aux scandaleuses filouteries de ces indignes compatriotes, ne succède pas le brigandage de l'étranger.

Lucifer. — Ah, mon cher enfant ! Si nous avions tous pu changer d'habitudes et de manière de voir, aussi vite que de position sociale ; si, parmi les bourgeois et les ouvriers politiquement libres depuis 89 et 48, on comptait déjà plus d'âmes civiques, jeunes et généreuses que de vieux cœurs égoïstes et jaloux ; si le peuple, au lieu d'écouter encore trop aisément les propos égalitaires de ses plus abjects flatteurs et de ne réserver à ses plus dévoués serviteurs (comme faisaient nos plus mauvais rois, à leurs sujets les plus fidèles) que soupçons, calomnies, trahisons et supplices, imitait déjà nos plus grands monarques et comblait d'honneurs et de dignités les vrais gouverneurs d'hommes et d'affaires, qu'aurait appelés au pouvoir la certitude de sa reconnaissance ; nous pourrions nous aussi (comme nos pères du bon vieux temps, acclamant l'élu du droit divin) crier : Noël! Noël! sur le passage des plus hauts dignitaires du suffrage universel.

Noël, Noël! C'est-à-dire, espoir de rédemption noble et belle, de par la vigueur de notre caractère enfin régénéré; et non point rachat infâme, de par la bassesse de notre cœur cinq milliards de fois dégradé.

Mon fils, quand nous en serons là ;... quand nous aurons pour chefs des hommes plus jaloux de gouverner leurs concitoyens que de régner sur leurs semblables ; plus soucieux de bien mourir que de bien vivre ; plus préoccupés de mettre, au service de tous, un surcroît de savoir et de fortune que d'en jouir personnellement ; quand, en deux mots, ce nouvel et tant souhaitable adage : *Richesse oblige*, promulgué par des faits exemplaires, aura cours et pouvoir social, comme jadis avait cours et pouvoir la formule qu'ont si bien oubliée les nobles modernes et leurs imitateurs...; au lieu de la diplomatie tortueuse, mensongère, violente et même criminelle de princes ne rêvant encore que conquêtes et ne dénouant que trop souvent leurs intrigues de cabinets (voire même d'alcôves) sur des champs de bataille ; nous n'aurons plus qu'une politique aussi belle que bonne et véridique : celle des peuples s'efforçant, d'un commun accord, de s'enrichir par le travail et la paix, en ne faisant jamais (grâce aux habitudes et préjugés de tous leurs élus) que des transactions aussi libérales qu'industrielles et aussi avouables qu'avouées.

Alors plus de ces cataclysmes politiques revenant, tous les quinze ou vingt ans, bouleverser tout à coup les fortunes des Etats et des particuliers ; en rallumant la guerre par la guerre, la haine par la haine et la sauvagerie par la sauvagerie !

Plus de ces...

Qu'avez-vous donc, jeune homme?

Ego. — Pardon, mille et mille fois pardon, Mylord, si je cesse de vous écouter. Mais il y a, devant nous, deux bons bourgeois qui se disputent si fort, au sujet de maître A.+B, qu'en vérité je ne... saurais... vous accorder... toute l'attention... que... je...

Lucifer. — Eh bien! prêtons l'oreille à ce qu'ils disent; et voyons un peu ce qu'ils pensent.

Aussitôt dit, aussitôt fait.

Voilà ce que nous entendîmes.

PREMIER BOURGEOIS. — ..... Non, non, n'en croyez rien. Depuis bientôt un siècle, nous avons eu, pour nous gouverner, tantôt un roi, fils de princesse aristocratiquement fécondée ; tantôt un comité directeur, enfant de coterie démocratiquement inspirée ; tantôt un président issu d'une assemblée bourgeoise, très-soigneusement purgée de toute influence ouvrière ; tantôt, au contraire, un empereur sorti d'un plébiscite, on ne peut plus surchargé de manœuvres campagnards, archi-campagnards de toutes catégories !... Et, pour en finir, pas un seul de ces gouvernements ne nous a plu jusqu'au bout ; pas un seul ne nous a tirés d'embarras et pas un seul n'a bien fini.

Donc nous sommes ingouvernables.

SECOND BOURGEOIS. — La belle conclusion d'homme... opulent, ne voulant pas se mêler des affaires publiques.

PREMIER BOURGEOIS. — D'homme opulent, citoyen !... puisque de citoyen on se traite pour le quart d heure... Mais vous-même, êtes-vous donc si pauvre ?

Tenez, voisin ! au lieu de nous fâcher, ce qui nous conduirait certainement à déraisonner dans peu d'instants ; parlons, au contraire, aussi posément qu'on peut le faire en ce temps de complet désarroi.

Savez-vous ce qui me plaît, dans l'un quelconque de ces Gouvernements que nous avons, successivement, renversés comme, successivement, nous en renverserons bien d'autres ?

SECOND BOURGEOIS. — Non !

PREMIER BOURGEOIS. — C'est qu'en somme ils sont tous armés d'une seule, même et bonne logique irréfutable ; tandis que celui de votre maître A+B en est complétement dépourvu.

SECOND BOURGEOIS. — Seule même et bonne logique :... irréfutable ! qui nous a conduits à faire tomber tous ceux qui ne nous ont pas suffisamment aplatis ; et à .nous faire plus que suffisamment aplatir, avec tous ceux que nous n'avons pas fait tomber.

Voyons, Monsieur... puisque, posément et raisonnablement, vous me proposez de parler... examinons sérieusement les choses.

En dernière analyse et avec un peu d'abstraction, qui trouvez-vous, au plus haut degré, de l'un quelconque de ces défunts et tant regrettés Gouvernements ? Un autoritaire absolutiste... (simple ou multiple, individu ou comité, n'est-il pas vrai ?)... Un autoritaire absolotiste disant, ordinairement d'une façon très-polie, *Je veux*, ou même *Nous voulons*, aux innombrables fonctionnaires qu'il s'est choisis ou fait choisir.

PREMIER BOURGEOIS. — Précisément ; et c'est ce qui me plaît ; vu qu'on sait immédiatement à quoi s'en tenir.

SECOND BOURGEOIS. — Soit ! et au plus bas échelon de cette longue échelle gouvernementale ; qui trouvez-vous pareillement ? Un autre autoritaire absolutiste, n'est-il pas vrai aussi, gendarme ou garde champêtre, disant, d'une manière presque toujours désagréable, *Je voulons* aux citoyens, à lui parfaitement inconnus, qu'il juge convenable d'apostropher.

PREMIER BOURGEOIS. — C'est la vérité.

— Puis, sur les perchoirs intermédiaires de cette si longue hiérarchie administrative, des ministres, préfets, sous-préfets, maires, adjoints, commissaires de police, officiers de paix, et cœtera, et cœtera... disant, eux aussi, à leurs surbordonnés respectifs, *je veux* ou *nous voulons* avec une aménité généralement d'autant moindre qu'ils sont eux-mêmes moins importants.

PREMIER BOURGEOIS. — Je ne saurait le nier.

— Donc, *je veux*... C'est-à-dire : obéis passivement et fais passivement obéir ; sous peine de prison et même de mort par le chassepot (si tu es soldat) ou de jeûne et même de mort aussi, non par le feu mais par la faim, si tu es soldé... *je veux*, dis-je, est le mot commun fatidique, l'âme de cette seule, même et bonne logique irréfutable si regrettée.

PREMIER BOURGEOIS. — Regrettée ! Pas précisément.

SECOND BOURGEOIS. — Eh bien, mon cher ami, combien (entre nous soit dit) avez-vous gardé de bons commis, en votre importante maison, et combien de bonnes affaires avez-vous faites et renouvelées avec vos acheteurs et vendeurs, clients et fournisseurs en employant ce *je veux*, si parfaitement efficace ?

Pour mon compte, dans mes chantiers (où n'entrent jamais que tailleurs de pierre, terrassiers, maîtres charpentiers, forgerons, maçons et autres personnes, généralement moins finement gantées que celles qui vous fréquentent), je n'ai jamais vu supporter ces deux mots, *si cassants*, que par des ouvriers encore plus mous de bras que de caractère, ou de misérables embaucheurs très justement dénués de crédit.

PREMIER BOURGEOIS. — Je vous crois sans peine ; mais où voulez en venir ?

SECOND BOURGEOIS. — A vous dire que de par le principe de la souveraineté du peuple, qui va se propageant chaque jour davantage en France ainsi qu'à l'étranger, les citoyens électeurs se considérant de plus en plus comme les clients politiques, les subordonnés purement volontaires des administrateurs, petits ou grands, qu'ils honorent de leur confiance ; le temps vient, s'il n'est venu déjà, de substituer la logique du *voulez-vous*, du *s'il vous plaît*, de *l'offre*, en un mot, à celle du *je veux* ou *ne veux pas*, du *quos ego* ou *veto*, de *l'ordre*, pour tout dire aussi d'un seul autre mot,... de substituer, dis-je, la logique de l'offre à celle de l'ordre : en mettant, à la tête des services publics, les riches dignitaires bénévoles amovibles et parfaitement responsables de par leur consécrateur, le suffrage universel, au lieu et place des rechignants salariés choisis par un pouvoir central qui, depuis 80 ans bientôt, n'a jamais été (quel qu'il fut), que malveillant pour le pays, aussi scandaleusement salarié que salariant et, qui pis est, aussi inamovible qu'irresponsable.

Je dis : *inamovible autant qu'irresponsable* ; parce que, grâce à la servilité de tous les fonctionnaires dont nous avons laissé la nomination à ces pouvoirs exécutifs quels qu'ils fussent (c'est-à-dire simples ou multiples, monarchique ou formés de comités), jamais un seul d'entre eux n'a disparu que par la guerre étrangère ou civile, faute de tribunal et de lois pour prévenir l'une ou l'autre de ces calamités :

Je dis : *aussi scandaleusement salarié* que *salariant* ; parce que tous ces pouvoirs nous ont, sans aucune exception, coûté beaucoup trop cher, pour ce qu'ils valaient par eux-mêmes ; et beaucoup trop cher surtout, pour ce que valaient les innombrables et de plus en plus innombrables mouchards qu'ils employaient :

Je dis : *malveillant pour le pays* ; parce que tous ces pouvoirs, sans aucune espèce d'exception encore, n'ont jamais, depuis le policier Robespierre, qu'aspiré à la dictature :

Et je dis encore : *salariés rechignants* ; parce que le système de corruption et de créature, employé par chacun d'eux, n'a jamais fait que mécontenter ceux qui faisaient en réalité presque toute la besogne.

PREMIER BOURGEOIS. — Ainsi, vous croyez à la logique de l'*offre* et, qui pis est, vous la jugez plus puissante que celle de l'*ordre*.

SECOND BOURGEOIS. — Vous l'avez dit !

Je crois à la logique de l'offre ; parce que je lui dois, en tant que *simple particulier*, de bons amis et d'aimables connaissances, y compris la vôtre, voisin, y compris la vôtre ; et, sous ce rapport, vous y croyez aussi bien que moi.

Je crois à la logique de l'offre ; parce que je lui dois, en tant que *père de famille*, une bonne femme et de bons enfants ; et sous ce nouveau rapport, voisin, vous y croyez encore tout aussi bien que moi.

Je crois à la logique de l'offre ; parce que je lui dois, *en tant que chef industriel*, une belle fortune ; et sous ce troisiène rapport, vous y croyez, pareillement, non pas tout autant mais beaucoup plus que moi.

Je crois à la logique de l'offre *en tant que citoyeen* ; parce que (grâce au bon souvenir de mes ci-devant ouvriers, clients et fournisseurs qui déjà m'ont offert l'écharpe, que vous avez dédaignée) je pourrai peut-être un jour utiliser, en faveur des autres, mon superflu de richesse et de savoir administratif, comme dit maître A+B.

Premier Bourgeois. — Si, comme dit aussi maître A + B, ces autres, vous voyant plus orgueilleux qu'avare, ne se montrent pas immédiatement plus désintéressés, par jalousie, que sages, par intérêt.

Second Bourgeois. — Enfin, en tant *que patriote* (aimant mon pays et ma nation, d'abord, puis le restant de la terre et l'humanité, ensuite), je crois à la logique de l'*offre* ; et la juge, sinon plus puissante du moins préférable à celle de l'*ordre* ; parce que j'ai toujours vu nos discordes civiles et nos guerres avec l'étranger résulter des abus de cette dernière, tandis qu'il me paraît impossible que l'autre (maniée par des hommes qui n'auront constamment connu qu'elle) puisse jamais produire que ce qu'elle a toujours produit : des transactions, tant intra qu'extra-nationales, aussi avantageuses à ceux qui les proposent qu'à ceux qui les acceptent.

Premier Bourgeois. — Tudieu ! voisin, comme vous mordez aux nouveautés !

Second Bourgeois. — Que voulez-vous ; aux grands maux les grands remèdes !

La centralisation administrative, les monopoles industriels et la réglementation mentale nous ont (à 2, 3, 4, 5 reprises différentes) amené tant de calamités publiques (après nous avoir civiquement, civilement et individuellement tyrannisés pendant 5, 10, 15 ou 20 ans) que j'opte, ma foi, pour le système tout contraire : celui de.....

Premier Bourgeois. — ..... La concurrence en matière de chefs et conseillers politiques.

Second Bourgeois. — Celui de la concurrence politique, si vous voulez. Puisse-t-elle, en faisant appel à ce qu'il y a de justement estimable dans l'orgueil et la prévoyance des hommes, qui sont véritablement administrateurs, nous être, à tous, aussi avantageuse en affaires gouvernementales qu'elle l'est, au public, en matières industrielles et en matières scientifiques.

Je dis : aussi avantageuse ; parce que sans elle, nous prélèverions de tels bénéfices et débiterions des choses si imparfaites que nos clients deviendraient bien vite des pauvres d'argent ou nous abandonneraient ; absolument comme nous abandonnerions les vrais savants et deviendrions, bien vite aussi, des pauvres d'esprit, si l'intérêt de leur vanité ne les contraignait à ne nous livrer que de bonnes et utiles vérités.

Premier Bourgeois. — Ah, voisin, voisin ! Quel optimiste vous faites et quelles déceptions vous vous préparez ; en considérant comme possible, dès aujourd'hui, ce qui ne le sera certainement que dans plusieurs générations ; en admettant...., vous m'écoutez bien, n'est-ce pas ? en admettant que nous parvenions à quitter la funeste pente autoritaire, sur laquelle nous replacent, *fatalement*, tous les démocrates qui ne rêvent que changer tout, immédiatement et radicalement ; sur laquelle nous maintiennent, *systématiquement*, tous les aristocrates qui ne désirent, au contraire, rien absolument rien modifier ; et sur laquelle enfin aident toujours à nous replacer, aussi fatalement que systématiquement, tous les gagneurs d'argent (comme dirait maitre A + B) plus avares qu'orgueilleux qui, sortis des affaires, n'ambitionnent plus qu'une chose : chrysalider, en leur fortune, au risque de passer, de l'état de maigre bœuf de labour, à celui de cochon gras parasitaire. Car, d'instinct, ils préfèrent et préféreront, longtemps encore sinon toujours, n'importe quel exécutif et n'importe quel régime absolutiste, à toutes les nouveautés personnelles et gouvernementales qui pourraient leur offrir de nobles exemples à suivre.

Second Bourgeois. — Ah voisin, cher voisin, vous dirai-je à mon tour, vous (dont le pessimisme voit si nettement l'abominable avenir que nous laisserions à nos enfants, si dès maintenant nous ne cherchions pas à combattre les ultra rouges, les ultra blancs et, qui pis est, les ultra indifférents, pour ne pas dire tricolores), ne ferez-vous donc rien pour nous ?

Croyez-moi ! Si, depuis 75 ans au moins, la bourgeoisie s'était donné, pour capter la confiance de ses employés et les mener à bien..... non la dixième, non même la centième, mais seulement la millième partie, ou moins encore..... de la peine qu'ont prise les démagogues de toutes couleurs pour mener, à qui mieux mieux, et les uns après les autres, le peuple à son plus grand mal ; il serait déjà......

Premier Bourgeois, prenant amicalement les mains de son confrère — ..... Comme vous et moi, plus républicain que révolutionnaire ; et nous pourrions, aujourd'hui même, avec certaines chances de succès, nous proposer, vous et moi encore, à l'expérimentation d'un système que je ne connais qu'aux deux tiers ; mais qui déjà me sourit, parce qu'il me semble devoir rendre à peu près impossibles tout abus de pouvoir, tout favoritisme et toute influence de coterie.

Sur ce, parce qu'il se fait tard et que je tiens à ce que nous séparions aussi bons amis qu'auparavant ; pardonnez-moi mon optimisme, comme je vous pardonne votre pessimisme ; pardonnez-moi surtout...., car, sous beaucoup de rapports, je suis tout-à-fait de votre avis..... pardonnez-moi l'opposition que je me suis permis de vous faire.....

Second Bourgeois, avec empressement — ..... A cause de ce misérable mot d'opulent que je regrette, voisin, que je regrette bien sincèrement je vous l'assure.....

Premier Bourgeois. — ..... Et

Une bonne double poignée de main, accompagnée de deux profonds saluts, servit de couronnement au précédent colloque.

VI.

De la quadruple mission qu'il importe de confier au pouvoir spirituel, consultatif ou général de la nation. — Sixième Séance du club des Constituants, 10 mai 1871.

Hier soir, au moment où nous tournions la rue des Trois-Etoiles, les deux bons bourgeois que nous avions suivis, dans la nuit du 3 au 4 mai, nous barrèrent littéralement le passage.

Messieurs, nous dit le premier, jugez notre différend.

« Je soutiens, à mon ami, qu'il y a en Europe, huit ou
» neuf maisons impériales, royales ou princières, doublées
» de neuf ou dix familles financières, agioteuses ou tripo-
» teuses, qu'il faut absolument exterminer, si nous voulons
» être....

.....Enfin tranquilles (fit immédiatement Lucifer, en prenant la parole),

« Et lui prétend que cette expéditive solution serait aussi
» belle que bonne ; si pendre tous ces gros bonnets, haut et
» court, se pouvait faire sans coûter encore beaucoup de
» sang et risquer de prolonger leur crédit. »

Là dessus, le second bourgeois prit un air de triomphe si narquois, que le premier se fâcha tout rouge.

Nous parvînmes à les réconcilier ; mais en nous attardant. Voilà pourquoi je ne vous envoie que la fin du discours de maître A + B.

..... En résumé donc, abstraction faite des noms dont ils s'appellent et des personnes qu'ils désirent prendre pour drapeaux ; tous ces différents partis se réduisent à trois : celui qui n'admet encore qu'une logique : *celle de l'ordre* ; celui qui tend à n'en admettre plus qu'une aussi : *celle de l'offre* ; et celui enfin qui n'en n'admet plus ou tend à n'en plus admettre du tout.

— Eh bien, dans le système de réorganisation politique et sociale que nous proposons ; comment chacun d'eux se conduira-t-il ?

— Suivant ses intérêts, suivant ses habitudes et suivant ses pré-jugés ; la chose est bien certaine !

— Donc, pour savoir le rôle qu'ils joueront ; voyons comment sont et pensent les personnes qui forment et animent chacun d'eux.

Le premier de ces trois partis (celui des monarchistes, aristocrates, rétrogrades, autoritaires, etc. etc... peu importe le nom... qui censément est le plus vieux de tous) renferme : *premièrement*, tous les hommes, d'origine ancienne ou moderne, mais principalement ancienne, qui, de bonne foi ou non, prennent l'immobilité pour l'ordre ; et croient qu'on peut encore obéir et commander comme aux temps féodaux : *secondement*, tous les personnages qui désirent peut être, avant et par-dessus toutes choses, jouir du budget des finances, des honneurs, des monopoles, priviléges et autres sources de bénéfices assurés ; grâce à l'aristocratique protection d'un pouvoir central proclamant et soutenant, par ses engins fort temporels, le mérite, fictif ou réel, que ces susdits personnages peuvent tenir de lui, d'eux-mêmes, ou de leurs aïeux : *troisièmement* enfin, les individus qui, ne voyant qu'eux en ce monde, abominent, systématiquement comme d'instinct, toute espèce d'innovation, même bonne ; crainte d'avoir à se modifier.

Le second parti, celui des anarchistes, démocrates, progressites (soit-disant), révolutionnaires, égalitaires, et cœtera et cœtera... réputé le plus moderne, bien qu'il nous vienne, ou mieux, revienne des anciens barbares Francs, Germains ou Gaulois, sinon Hellènes ou Pélages..... le second parti, dis-je (qui n'est pas plus tolérant et pas moins absolutiste que celui de ses adversaires, de nom comme de fait) renferme : *premièrement*, tous les hommes (d'origine antique ou récente, mais surtout récente) qui, de bonne foi ou non, prennent tous leurs caprices gouvernementaux, pour des inspirations libérales, et tous les changements qu'ils leur suscitent, pour de réels progrès : *secondement*, tous les individus qui pensent qu'en nos temps modernes on ne doit pas plus commander qu'obéir ; *troisiemement*, tous les personnages qui, sans le mériter aucunement, désirent peut-être (avant et par-dessus tout) être financièrement et dignitairement alimentés par un exécutif égalitaire justifiant très-commodément ses préférences, à leur égard, en niant officiellement et légalement toute espèce de supériorité sociale : *quatrièmement* enfin, tous les ultra-vaniteux dont la science infuse pose en principe que, jusqu'à ce jour, les hommes n'ont fait que se tromper ; que l'inexorable logique des événements, qui en a tant martyrisé, ne les a mis sur la voie de rien ; que tout, absolument tout, est à refondre dans les institutions que la pratique et le sentiment leur ont fait créer ; et que, par conséquent, il ne faut respecter quoi que ce soit du présent ou du passé, afin qu'il ne reste et que jamais plus il ne se reproduise la moindre hiérarchie ni la moindre distinction dans l'avenir.

Je passe au dernier de ces trois grands partis, le plus récent de tous à coup sûr, puisqu'il ne mérite pas encore le titre de républicain (que, du reste, il hésite à prendre) et que le nom de conservateur, qu'il semble vouloir quitter, ne remonte guère qu'à la Restauration.

— Que renferme-t-il, lui aussi ?

— *Premièrement*, tous les hommes, de familles jeunes ou vieilles, qui *commencent* à n'accepter, comme progrès, que ce qui tend à consolider l'ordre en l'améliorant ; *secondement*, tous les individus qui, *pareillement*, *commencent* à poser en principe qu'on doit, en tout temps comme en tout lieu, savoir aussi bien obéir, où l'on est inférieur, que commander, où l'on est supérieur ; *troisièmement*, tous les personnages qui, *semblablement aussi*, *commencent* à désirer, avant et par dessus toutes choses, que chacun puisse enfin vivre en travaillant intellectuellement, pratiquement ou manuellement ; sans avoir à combattre les priviléges et monopoles de ceux-ci, ou solder les grandeurs et la paresse de ceux-là ; *quatrièmement* enfin, tous les citoyens de bon sens et de bon vouloir qui, *pareillement encore ou semblablement*, *commencent* à reconnaître qu'un pouvoir exécutif, central ou temporel doit, de plus en plus, borner ses visées à une seule chose : faciliter à chacun l'accomplissement de tous ses devoirs, le plus moralement possible.

Le plus moralement possible ! C'est-à-dire sans imposer, à qui que ce soit, l'obligation d'agir et voir comme voient et agissent d'habitude, officiellement et par son ordre, tous ceux qu'il tient en solde militaire, maritime, administrative, religieuse, universitaire et judiciaire.

Comme vous le voyez : ce parti, dont la foi républicaine n'est qu'en voie de formation, renferme tous les penseurs administrateurs et réalisateurs vraiment sérieux, tous les producteurs, en un mot, qui ne désirent qu'une chose : la liberté de bien faire.

Donc ; de par tous les ouvriers, tous les entrepreneurs et tous les savants qui dédaignent avec raison les soldes et recommandations officielles (blanches, tricolores ou rouges) et de par toutes les forces artistiques et manufacturières, plus toutes les ressources administratives et financières, plus encore tous les documents scientifiques intellectuels et pratiques dont ces trois genres d'hommes disposent ; ce parti des vrais producteurs, ce parti du régime de l'avenir est à la fois le plus nombreux, le plus riche et le plus capable.

— Eh bien, pourquoi n'est-il pas le plus puissant ?

Pourquoi n'a-t il jamais, depuis 1793, pris le pouvoir officiel qu'à de rares intervalles ?

Et pourquoi l'a-t-il, presque toujours, immédiatement remis aux monarchistes ?

— Parce que, plus *réservé* ou plus *timoré* que le parti de ces derniers et surtout que celui des anarchistes, il préfère un ordre quelconque à la confusion ou à rien.

Beaucoup plus réservé ! Parce que plus on est vraiment riche d'habileté, de science et surtout de fortune, et moins on aime à faire montre de son avoir.

Beaucoup plus timoré ! Parce qu'on perd moins facilement les coutumes de ses ancêtres que leurs préjugés ; et que tous les travailleurs industriels, commerçants, financiers et libéraux de ce tiers-parti ont pour aïeux respectifs les anciens esclaves du vieux monde Greco-Romain, les ci-devants négociants levantins ou bysantins du moyen-âge, les banquiers Juifs ou Lombards du même temps, et les chercheurs de pierre philosophale ou panacée universelle de la même époque..... tous gens que le paganisme, l'islamisme et le christianisme ont habitués, par des procédés souvent odieux, à ne se point mêler des affaires publiques.

Beaucoup plus réservé ou timoré enfin (et c'est là surtout qu'est le plus grand mal), parce qu'on ne peut qu'hésiter quand on n'a pas foi en soi ; et qu'il est aussi impossible à un parti de croire en lui-même et (partant) d'agir nettement, quand il sent la haine dissocier chaque jour davantage ses trois éléments constituants... qu'il est impossible à un homme, dont le bon sens n'a pas faibli, de marcher résolument en pleine crise morbide, quand chacun de ses mouvements lui prouve que ses entrailles se refusent encore à nourrir ses membres, et qu'à leur tour ces derniers n'obéissent point à sa tête.

Trois citations pour montrer qu'il n'y a rien d'erroné ni d'exagéré dans cette manière de voir.

1º Par le fait des blessures charnelles et financières, de plus en plus cruelles, que les ouvriers et leurs patrons durent aux aberrations des socialistes de 93, 1832 et 48 ; l'animosité des praticiens est devenue telle, à l'encontre des hommes de cabinet, que les mots *théoricien*, *savant* et *inventeur* signifient maintenant, pour les travailleurs de l'établi ou du bureau, *songe creux*, *bon à rien* et *fou à exploiter*.

2º Depuis 60 ans ; mais plus particulièrement depuis 20, le bourgeois administrateur est devenu tellement dur, à l'égard du savant et de l'ouvrier, que maintenant ces remueurs d'idées et de choses emploient, respectivement, les mots *parvenu* et *singe* comme synonymes de riche *méprisable* et de *patron*.

3º Enfin depuis la résolution (aussi puérile qu'impraticable) que les fauteurs de l'Internationale ont prise, de travailler désormais sans capital ni bourgeoisie, c'est-à-dire, commercialement parlant, sans matière première, sans inventeurs et sans organisateurs ; ces derniers sont tombés, pour la plupart, en panique si grande et si folle que (malgré le 18 Brumaire, les journées de Juin et le deux Décembre, germes respectifs de Waterloo, du 24 Février et de Sédan) ils (Messieurs les bourgeois, bien entendu) n'ont plus que deux idées fixes : appeler, de rechef, à la rescousse, les hommes, dont l'impéritie nous coûte si cher en ce moment même : et, derechef, les interposer entre eux et leurs indispensables autant que respectables compagnons de civilisation industrielle et libérale.

Je dis, indispensables autant que respectables compagnons de civilisation industrielle et libérale en parlant des ouvriers ; parce que, suivant moi, ces travailleurs (qui ne commandent pas plus souvent, dans le pays, que ne le font les enfants, la femme et les vieillards au foyer domestique) doivent, quand ils posent une question d'ordre vitalo-sociale, être aussi *sacrés*, pour les gouvernants, que ces susdits enfants, femmes et vieillards, pour l'adulte qui doit les diriger ;

Et je répète : indispensables autant que respectables ; parce que, toujours suivant moi, un pouvoir temporel ou spirituel, qui lance la mitraille ou l'anathème à des prolétaires (qui l'embarrassent de leurs justes plaintes, parce qu'ils souffrent) est aussi criminel qu'un chef de famille qui tue ou terrifie les siens ; parce qu'il ne veut ou ne peut répondre à leurs réclamations, *même déraisonnables*.

Messieurs, maintenant que nous connaissons la nature et les sentiments des hommes appartenant aux trois grands partis, qui divisent notre malheureux pays ; nous pouvons dire comment, dans le système de réorganisation politique et sociale que nous vous proposons, chacun d'eux se conduira. Par conséquent, faisons-le.

Evidemment les monarchistes, en vertu de leurs vieilles habitudes et de leurs vieux préjugés, rallieront toujours le pouvoir central autant qu'ils le pourront ; afin de s'abriter derrière lui ; de profiter de ses faveurs ; et de, plus ou moins franchement, utiliser à son service, leurs aptitudes au commandement ainsi qu'à l'obéissance.

Et, non moins évidemment, les anarchistes (qui, du fait même de leurs théories, ne sauraient constituer un pouvoir exécutif quelconque ; garder celui qu'un fugitif leur abandonnerait ; ou faire autre chose que de l'opposition au n'importe quel existant) les anarchistes, dis-je, s'achemineront, autant qu'ils le pourront aussi, vers la Chambre des représentants du peuple (autrement dit) vers le pou - voir chargé de protéger les intérêts sanitaires et financiers, politiques et matériels, de toutes les localités formant moitiés d'arrondissements) : afin de pareillement utiliser, plus ou moins franchement, leurs aptitudes à la critique ainsi qu'à la résistance.

Quant aux conservateurs en voie de lente, fort lente, beaucoup trop lente métamorphose républicaine..... Malgré leur énorme désir de conserver ce qu'ils considèrent comme leur avoir exclusivement personnel ; bien qu'ils ne soient, en somme, que de transitoires dépositaires sociaux, ne pouvant même plus emporter dans la tombe la minime obole de Caron...... Quant aux conservateurs, dis-je ; nous les verrons longtemps encore, en vertu de leur antique répugnance à se mêler activement et surtout ostensiblement des affaires publiques, ne se faufiler, entre les aristocrates et les démo- crates, que lentement, bien lentement, beaucoup trop lentement et toujours après coup, pour modérer leurs débats.

Lentement, bien lentement, beaucoup trop lentement et *toujours après coup* voulant dire que les manœuvres occultes de ces hommes si fortement ébranlés par leur dernière transplantation de monarchie en république, tendront bien plus à diminuer les conséquences financières des coups d'Etat, révolutions et autres vilenies gouvernementales ; qu'à empêcher Messieurs les amateurs, permanents ou accidentels, de la poudre à canon de commettre ces susdits coups d'Etat, révolutions ou autres vilenies gouvernementales ; dès que leur manquent les bonnes raisons ou la patience.

— Eh bien, ce rôle de médiateurs aussi intéressés qu'insuffisants (rôle qui commence à devenir de plus en plus dangereux; parce que, de plus en plus, on commence à considérer Messieurs les bons bourgeois comme des hommes par trop systématiquement tardigrades) Messieurs les bons bourgeois (et, *par bons*, j'entends les conservateurs sincères, les producteurs qui sont vraiment sérieux et tiennent à passer pour tels) Messieurs les bons bourgeois, dis-je, se soucient-ils de le jouer encore bien longtemps?

Non! car (en réfléchissant, *par force*, une fois de plus, aux batailles, déroutes, frais et indemnités de guerre, impôts, emprunts, prohibitions et monopoles toujours croissants que leur coûtent la logique de l'ordre et ses innombrables stipendiés) beaucoup d'entre eux commencent à se parler et même à parler ainsi :

« Peut-être serions-nous moins *cordialement* déçus, comme chefs
» de famille ; moins *commercialement* volés, comme industriels ou
» négociants ; *moins onéreusement* rançonnés, comme contribuables ;
» moins *policièrement* assommés, comme citoyens ; et moins *soldates-*
» *quement* fusillés, bombardés et incendiés comme patriotes: si...
» à la place des absolutistes religieux et universitaires, administra-
» teurs politiques et militaires qu'un pouvoir central (beaucoup trop
» autorisé à dire, partout : je veux) met en tête de tous les corps qui
» *moralisent* nos femmes, *instruisent* nos enfants, *éduquent* nos em-
» ployés, *administrent* nos finances, et finalement nous *gouvernent*
» tant intra qu'extra-nationalement.... Si nous laissions, tout bonne-
» ment, s'installer, *comme nos directeurs spirituels*, les théoriciens
» libéraux (que le simple effet de la concurrence forcerait à s'amé-
» liorer, dès que disparaîtraient le budget des cultes et celui
» de l'Université ; et, *comme nos chefs temporels*, les praticiens
» industriels que ce même effet de la concurrence ou (ce qui est
» tout un) le pouvoir éminemment relativiste de la logique de l'offre
» forcerait pareillement de s'améliorer ; dès que le suffrage univer-
» sel, en garnissant de *ses bénévoles élus* tous les degrés de notre
» hiérarchie gouvernante, réduirait presque à zéro nos budgets de
» l'intérieur et de la justice. »

Messieurs, de ces propos, que tous les bourgeois, véritablement bons commencent à se tenir et à tenir; que conclure?

Sinon que, tout naturellement, ces conservateurs en statu quo d'ébauche républicaine, perdraient certainement beaucoup de leur tiédeur pour les affaires publiques et se porteraient même, avec une certaine ardeur, vers le troisième grand pouvoir national, dont il me reste à vous parler ; si !... si, tenant compte de leurs qualités bonnes et mauvaises, ce troisième grand pouvoir (qui doit être à la fois spirituel, général et consultatif) devenait pour eux un véritable institut politique, ne les appelant qu'accidentellement à l'activité gouvernementale ; si, de plus, il les mettait à même de prévenir tout conflit armé entre le pouvoir local et le pouvoir central ; si, en outre, il leur fournissait les moyens de soustraire toute localité grande ou petite, comme toute société ou tout individu, aux pressions, tant directes qu'indirectes, de ce dernier ; et si, enfin et surtout, il les rendait aussi puissants qu'ils sont déjà riches et capables, en calmant toutes leurs craintes, par une intime, sincère et cordiale réconciliation avec ceux que j'ai nommés leurs *inséparables autant que respectables* compagnons de civilisation moderne.

Donc organisons ce troisième grand pouvoir de telle sorte que forcément il atteigne ces quatre grands buts.

— Eh bien, comment nous y prendrons-nous ; pour que, du même coup il devienne, institut politique et garde-fous, monarchistes aussi bien qu'anarchistes, pour les conservateurs en question ?

— Tout bonnement nous en ferons un suprême tribunal arbitral, auquel en devront appeler le pouvoir exécutif ou la Chambre des représentants du peuple ; toutes les fois que l'un ou l'autre ne pourra tolérer davantage les mauvais errements de son antagoiste.

Un tribunal arbitral suprême ! c'est-à-dire une Assemblée qui, (fonctionnant politiquement, en ces seules et toutes expresses occasions) devra, sans désemparer, nommer une dictature provisoire ; suspendre les fonctions du plaignant aussi bien que de l'accusé ; juger leur conflit ; destituer le coupable ; le punir, s'il y a lieu, afin qu'il soit bien avéré que le titre de représentant du peuple *inviolable* ne confère pas plus l'impunité que celui de chef responsable du pouvoir exécutif ; et, proclamant, le plus vite possible, son jugement, inviter, par cela même, les électeurs à réparer le plus vite possible aussi leurs mauvais choix.

Soit, direz-vous, voilà bien pour les deux premiers buts ; mais pour le troisième ?

— Pour le troisième ; c'est-à-dire, pour soustraire toute personne (comme toute corporation ou localité, grande ou petite) à n'importe quelle pression politique illégale ; nous ferons, de ce même grand pouvoir national, un équitable conseil d'Etat ; chose qui jamais ne fut et jamais ne sera, tant que les membres de ce corps (qui, somme toute, ne sont que des juges), seront ce que, toujours, ils furent jusqu'à présent : des individus juges et parties, tout ensemble.

Je dis : juges et parties tout ensemble ; parce que fatalement partie l'on est, quand on doit sa position à l'un des deux plaideurs et que, de lui seul, dépend l'amélioration qu'on peut attendre à son sort.

Quant au quatrième but à atteindre, celui de tous le plus utile, suivant moi ; nous y parviendrons en faisant, de ce même grand pouvoir national, de *véritables États généraux du travail.*

De véritables États généraux du travail ! ou mieux, une *convention industrielle et libérale* qui devra s'empresser d'organiser, *salariellement et moralement,* notre monde travailleur enfin politiquement libre : comme son homonyme de 1792 organisa, civilement et civiment, que ce même monde encore *sujet ;* pour que, précisément, il devint politiquement libre, tant intra qu'*extra-nationalement.*

J'insiste sur ces mots : politiquement libre, tant intra qu'*extra-nationalement ;* parce que, suivant moi (pour un féodal protestant, qui fait des princes, des rois et des empereurs *ici ;* pendant qu'il en défait là bas),

La force prime le droit veut, très-catégoriquement dire : *Dieu, Monarchie* et *Logique de l'ordre,* partout ; *Humanité, République* et *Logique de l'offre* nulle part !

Je m'explique.

Messieurs,... Messieurs, je suis si fatigué... qu'en vérité j'ai besoin de quelques instants de repos.

Accordé, accordé, crie-t-on de toutes parts ; et chacun de se précipiter vers la porte.

Lucifer et moi, nous faisons comme tout le monde.

Mais voilà qu'une fois dehors, on nous pose une première question, puis une seconde, puis une troisième, une autre encore et ainsi de suite.

Nous répondons ; le temps passe ; maître A + B reprend la parole ; et nous manquons les premières phrases de la reprise de son discours.

En voici la fin.

Comment le suffrage universel peut, on se conseillant lui-même, constituer le pouvoir spirituel, consultatif ou général de la nation.

,......... Ainsi deux civilisations : celle de l'absolutisme politique et religieux, que soutiennent, sans trop oser l'avouer, tous les gouvernements qui s'efforcent (par la violence et par le mensonge) de maintenir encore leurs sujets ou administrés au point de vue d'une activité nationale conquérante : et celle du relativisme temporel et spirituel (humanitaire et libéral) dont se montrent, de plus en plus, partisans tous les peuples qui, de plus en plus, veulent être gouvernés au grand jour et ne s'enrichir que par le travail, en s'entraidant les uns les autres.

— Les clairvoyants, qui n'ont foi que dans la science et l'industrie, finiront-ils par triompher des aveugles qui croient encore à la toute puissance du sabre et de l'inspiration divine ?

— Oui, certainement oui ; c'est chose incontestable.

Mais ce qui est douteux, extrêmement douteux, c'est que (du nouveau moyen-âge, qui menace de séparer le règne final de l'humanité de la domination, par trop prolongée, du dernier des dieux, forcément batailleurs, de notre barbarie primitive) la France, une fois de plus transformée, sorte aussi vivante et aussi vivace qu'elle l'était, après l'abominable tourmente qui marqua le passage du paganisme au christianisme.

Je dis : douteux, extrêmement douteux, parce qu'évidemment tout ce qu'il y a de gouvernements étrangers, pouvant influencer le nôtre, plus tout ce qu'il y a de théophiles, sincères ou non, plus encore tout ce qu'il y a de sceptiques, redoutant d'être dérangés, est en train (par intérêt, bêtise ou paresse) de s'ameuter, une fois de plus, contre notre malheureux pays ; parce qu'une fois de plus sa position géographique et son passé historique lui donnent à défendre un nouvel avenir humain.

Eh bien ! De ce que nous sommes seuls contre tous, comme en 1792, et de ce que nous sommes, comme en 1792, insultés par tous, en notre double qualité de *républicains* et de *vaincus* ; s'en suit-il que nous devions, ainsi que des Allemands, courber la tête sous le césarisme prussien ; mentir, pour la quatrième fois, à notre philanthropique mission : pour la quatrième fois, déserter la Sainte cause du peuple et des peuples ; et, pour la cinquième fois, car ce ne serait plus la quatrième, nous rejeter en monarchie ; quitte !..... sous prétexte de respirer un peu, quitte (dans sept ou huit ans au plus, car l'histoire marche vite, par le temps qui court) à retomber, encore plus ruinés et plus méprisés que jamais, en République pour la quatrième fois, sinon pour la cinquième ?

— Non, mille fois non, nous ne devons pas agir ainsi !

Non ! car il est plus digne de mourir en combattant (ou, tout au moins, se débattant) que de prolonger, à force de rachats et de lâchetés diplomatiques, une vie de jouisseurs, que, par dégoût, on tranchera, le jour ou l'on ne vous croira plus volables.

Donc, puisqu'un second manifeste à la Brunswick, doublé d'une seconde coalition, triplée d'une troisième invasion (autant que manifeste, coalition et invasion on ose faire et soutenir, à l'âge de civilisation où nous sommes) nous ont remis en même situation que nos glorieux grands pères de 92 ; faisons comme eux !

Faisons comme eux ! C'est-à-dire, sauvons-nous *socialement, d'abord à l'intérieur*, au moyen d'une convention industrielle et libérale ; comme, *politiquement*, ils se sauvèrent, *d'abord à l'intérieur*, au moyen d'une convention militante et..... révolutionnaire beaucoup plus que républicaine, malheureusement pour eux et pour nous.

Militante et révolutionnaire beaucoup plus que républicaine, malheureusement pour eux et pour nous, voulant dire qu'avec des hommes comme Danton, Condorcet, Lavoisier, les deux Merlin, Philippeaux, Cambon, Carnot et tant d'autres, la République eût été fondée pour toujours ; si (pour déterminer l'union de tous ses partisans, première condition de son triomphe) on avait pu employer une bonne doctrine sociale, au lieu et place de la violence :

Et *nous sauver socialement, d'abord à l'intérieur*, signifiant que notre malheureux pays ne pourra rien, absolument rien pour lui-même, et, partant, rien absolument rien pour les autres ; tant qu'au lieu de recouvrer ses forces, par la *conciliation* et la *réconciliation* de ses trois sortes de travailleurs, il restera au contraire (grâce à leurs

mutuelles inimitiés ainsi qu'à leurs doctrines plus que fausses)
affaibli, par la permanente perspective d'une guerre civile de prolétariat à bourgeoisie.

Convoquer une *Convention industrielle et libérale* ou, si le mot vous
fait peur, des *Etats généraux du travail* qui soient à la France d'aujourd'hui, en pleine parturition socialiste, ce que fut (à la France
d'il y a quatre-vingts ans, en plein enfantement civil et civique) *la
convention politique et militante* qui rendit nos pères citoyens ; tel est
donc notre plus impérieux devoir.

— Eh bien, comment composer une Chambre capable de résoudre
enfin cette fameuse question des travailleurs modernes..... Question
si petite, en 89, qu'on ne vit même pas son germe, dans les débris de
la maison Réveillon ; et si grosse, actuellement, qu'elle vaut à la
France la haine de tous les gouvernements d'Europe et d'Amérique,
attisée par la haine de tout ce que la mauvaise bourgeoisie de ces
deux continents renferme de financiers, d'agioteurs et de tripoteurs
aussi insatiables que jouisseurs..... comment, dis-je, composer une
pareille Chambre ?

— En peuplant, tout bonnement, ce troisième grand pouvoir national d'hommes en parfaite harmonie d'origine avec son double
qualificatif ; en n'y envoyant que des savants, des patrons et des
ouvriers, n'ayant jamais produit et voulu produire qu'en dehors de
toute espèce de monopole.

Soit, direz-vous, mais encore une fois, comment ferez-vous pour
bien connaître et, partant, bien choisir ces penseurs, administrateurs et réalisateurs, si jaloux de leur indépendance.

— Nous irons, tout simplement, les chercher où ils sont : dans
leurs corporations respectives. Autrement dit, nous ferons voter, non
plus par circonscriptions territoriales, grandes ou petites, mais, bel
et bien, par catégories professionnelles ; après....., (cela va sans
dire)... après mûre et préalable délibération des hommes proclamés,
par leurs collaborateurs ou collègues, comme les plus remarquables
savants, administrateurs ou maîtres ès-arts de leur partie.

Donc, c'est à peu près, en ces termes, que nous devrons terminer
notre future constitution.

CHARTE DE LA NATION OU PATRIE.

CHAPITRE III.

Du pouvoir spirituel, consultatif ou général du pays, autrement dit, de la Convention industrielle et libérale ou, si mieux vous aimez, des Etats généraux du travail.

Article 1er. — Parce qu'il est de la plus urgente nécessité que la France... abominée par tous ceux qui tremblent de lui voir prendre l'initiative de la transformation sociale, qui doit nous conduire, nous et tant d'autres peuples, à la civilisation exclusivement humanitaire et scientifique, c'est à-dire éminemment républicaine, pacifique, industrielle et libérale qui, finalement, doit triompher de tous les reliquats des régimes plus ou moins guerroyants, théocratiques et militaires.... Parce qu'il est, dis-je, de la plus urgente nécessité que la France se fortifie, au plus vite, de l'union, *à l'intérieur*, et du bon vouloir, *à l'extérieur* de tous les hommes qui, déjà, ne rêvent plus que perfectionnement universel par le travail; parce qu'on ne doit demander, au suffrage de tous, que ce qu'il peut donner ; parce qu'il faut toujours interroger ce suffrage de tous de manière à faciliter le plus possible ses réponses ; et parce que les anarchistes (avec leurs doctrines égalitaires et leurs coutumes dispersives d'individus n'attachant, théoriquement, aucune importance à la propriété matérielle) ne sont pas plus à même de comprendre et, partant, de codifier le monde industriel et libéral que les monarchistes, avec leurs habitudes et préjugés autoritaires de ci-devant seigneurs terriens éminemment centralisateurs, pour ne pas dire accapareurs :

Tous les ouvriers, patrons et inventeurs appartenant aux professions qui tirent (de la terre, de l'air ou des eaux) les matières premières indispensables à l'existence de notre société, plus tous les réalisateurs, entrepreneurs et ingénieurs, qui plient à nos besoins ces susdites matières premières, plus tous les commis, commerçants ou courtiers qui en trafiquent, plus enfin tous les financiers (changeurs, banquiers et spéculateurs) qui déterminent la circulation de toutes les marchandises, en jouant sur leur signe monétaire, leur représentation commerciale ou quelque chose de plus abstrait encore: la plus-value causée par leur utile déplacement... en trois mots, tous les théoriciens, patriciens et praticiens de chaque profession indus-

trielle se réuniront, à époque fixe, de leur plein droit et pleine autorité, aux locaux ordinaires (bourses, halles, marchés, places publiques, cafés ou, faute de mieux, cabarets) de leurs délibérations
commerciales ;

Afin d'examiner, par professions ou groupes de professions plus
particulièrement solidaires, le mérite de ceux qui se proposent de les
guider (en qualité de conseillers, syndics, prud'hommes ou notables,
peu importe le mot!) vers les meilleurs choix à faire de leurs députés
à la convention industrielle et libérale.

Articles 2, 3, 4, 5, 6 et 7. A copier, mot pour mot, sur les articles 2,
3, 4, 5, 6 et 7 de la charte de la commune.

Messieurs, une série d'articles concernant la classification des
différentes industries, l'organisation des bureaux électoraux de
chacune d'elles, le dépouillement de leurs votes, la proclamation
solennelle de leurs conseils respectifs, la publication des listes éla-
borées, aussi bien par ces derniers que par los électeurs qui juge-
raient convenable d'en dresser d'autres, et cœtera et cœtera... et
surtout, surtout les règles à suivre pour que l'élément ouvrier, l'élément patron et l'élément théoricien se trouvent aussi bien représentés, dans la convention elle-même qu'aux divers conseils de
prud'hommes, syndics ou autres..... une série d'articles, dis-je,
concernant toutes ces intéressantes matières devrait prendre place
ici.

Mais, parce que de pareils détails exigent des connaissances plus
nombreuses et plus spéciales que les miennes, j'abandonne le soin
de les traiter à des praticiens plus compétents que moi ; et me con-
tente d'ajouter, en guise de complément à l'article premier, que les
professions libérales (à fin d'être représentées, elles aussi, à la convention) devront, de leur côté, manœuvrer comme leurs inséparables
compagnes industrielles de civilisation moderne.

En conséquence, pour ce qui les concerne, nous devrons nous ex-
primer à peu près ainsi :

Article premier bis. — Toutes les corporations qui s'occupent de
l'homme, en tant qu'être vivant, agissant et pensant..... à savoir :
toutes celles qui tâchent, *pendant qu'il est mineur*, d'entraîner son
corps et son cœur, ses membres et son caractère, son intelligence et
tout son entendement, successivement vers le bon, l'utile et le beau ;
plus toutes celles qui travaillent, d'une façon ou de l'autre, *du-*

rant qu'il est adulte, à maintenir, tournée vers ce même triple but, son activité professionnelle aussi bien que civile ou civique ; plus toutes celles aussi qui s'efforcent, *alors qu'il prend de l'âge*, de le faire persévérer en cette même voie, en charmant ses dernières années par les abstractions les plus hautes ou les compositions esthétiques les plus élevées..... bref, nos éducateurs et hygiénistes de toutes sortes, plus nos magistrats et légistes de toutes espèces, plus enfin nos philosophes et artistes de toutes catégories devront se réunir pareillement, de leur propre mouvement et pleine autorité, et cœtera et cœtera ; pour se faire, *en proportion convenable*, représenter par leurs praticiens et théoriciens.

Je dis *représenter en proportion convenable* ; parce qu'il importe énormément qu'il y ait, à ces futurs États généraux du travail beaucoup plus de véritables penseurs, de véritables administrateurs et de véritables réalisateurs, que d'hommes habiles seulement à faire taire leurs antagonistes à force d'ergoter, *unguibus aut rostro*, en écrivaillant ou avocassant.

— Soit ! direz-vous. Mais comment obtenir cette élimination, si désirable, de brouillons politiques ne sachant que griffer ou mordre ?

— En peuplant, tout simplement, ce troisième grand pouvoir national, à raison d'un député par dix mille électeurs de sa profession.

Par ce moyen ; comme nous sommes, en France, un peu moins de 9,000,000 de travailleurs libres, pouvant participer au vote, et que, sur ce nombre il faut compter deux fois plus d'agriculteurs que d'industriels, quatre fois plus d'industriels que de commerçants, deux fois plus de commerçants que d'hommes appartenant à des professions libérales, et autant de rentiers que d'individus de cette dernière catégorie ; nous aurons, pour codifier nos modernes travailleurs, 514 producteurs de matières premières, 257 fabricants, 64 à 65 négociants, 32 à 33 hommes de professions libérales seulement et, seulement, 32 à 33 rentiers qui, certainement, seront plus capables de prendre de bonnes et sages résolutions que de faire de belles phrases.

Plus capables de prendre de bonnes et sages résolutions que de faire de belles phrases ! C'est-à-dire, plus capables de nous *socialement* organiser (en 1871-12 ou 13) que n'étaient aptes à, *politiquement*, le faire (en 1789-10 ou 11) les 16 médecins, 212 avocats, 216 vilains (cultivateurs, manufacturiers, marchands, et cœtera et cœtera) et 823 pri-.

vilégiés de cape ou d'épée, qui sortirent si bien nos grands-pères de roture. Mais !

Mais leur donnèrent une constitution si mauvaise, que presque tous ceux qui la voulurent défendre en moururent.

Messieurs, par le fait du mode électoral que nous vous proposons, il y aura, dans notre troisième grand pouvoir national, autant d'administrateurs, de rentiers, d'ingénieurs et de courtiers d'affaires (c'est à-dire, de gens riches, plus sensibles à l'ordre qu'au progrès) que d'inventeurs, d'ouvriers, de savants et d'artistes (c'est-à-dire aussi, de gens pauvres, plus sensibles au progrès qu'à l'ordre).

Donc toutes les fois que, sur une question industriélo-sociale, il y aura vote passionné ; il y aura, par cela même, suffrages égaux et, par suite, décision nulle.

Par conséquent, nous pouvons espérer que toute résolution, faisant loi, sera le résultat d'un examen tout à fait scientifique, ou d'une expérimentation bien plausible.

— Eh bien ! quand, pour cette convention industrielle et libérale, il s'agira, non plus de fonctionner comme Etats généraux du travail, mais, bel et bien, comme corps accidentellement politique ; ou comme équitable conseil d'Etat ; ou bien encore comme haute Cour de justice, devant mieux faire qu'un Tribunal révolutionnaire, une Cour prévotale, une Commission mixte, ou tout autre Judicature *ad hoc*..... Quand, en un mot, pour ce troisième grand pouvoir national (à la fois consultatif, général et spirituel) il s'agira d'atteindre un quelconque de ses trois autres grands buts ; trouverons-nous encore, dans son origine et sa composition, les mêmes conditions de sagesse et d'impartialité ?

— De sagesse ? Oui certainement !

Car toute question imprévue devant, pour qu'il y ait progrès, être résolue en faveur de l'avenir ; les pionniers de la civilisation industrielle et libérale sauront mieux que les rétrogrades (monarchistes ou anarchistes) décider en ce sens.

— Et d'impartialité ? Oui encore !

Car ces susdits pionniers (par cela même qu'ils n'ambitionnent que trop faiblement le pouvoir temporel ; par cela même qu'ils ne pourront être ni vainqueurs ni vaincus ; par cela même, enfin, qu'ils ne seront ni les choisis du pouvoir central ni les élus du pouvoir local)..... ces mêmes pionniers, dis-je, seront, mieux que n'importe à qui, même de prononcer entre les tendances (naturellement trop dispersives) *des représentants de clochers* et celles (non moins naturellement trop compressives) *du représentant exécutif de la patrie.*

Deux mots encore, Messieurs, et je termine.

Vous nous avez chargés de vous ébaucher un projet de réorganisation sociale pouvant, sinon parer à toutes nos difficultés présentes, du moins faire patienter bien des aspirations et calmer bien des regrets ; en *utilisant* (c'était là votre expresse recommandation) le mieux possible les qualités bonnes et mauvaises des vieux partis, qui finissent, et des classes nouvelles, qui s'élèvent.

Eh bien ! ces qualités (tant bonnes que mauvaises) nous les avons consciencieusement étudiées non-seulement chez les divers individus, à leurs différents âges, mais encore chez les différents groupes sociaux, à leurs diverses époques de développement ; et précisément parce que nous les avons consciencieusement étudiées, nous venons (pour atténuer celles-ci autant que pour exalter celles-là) vous proposer un mode électoro-gouvernemental qui, somme toute, peut se résumer ainsi :

Ne jamais demander, à qui que ce soit, que ce qu'il peut donner:

Et tant honorer toutes les supériorités sociales...... (toutes les opulences de cœur, de caractère ou d'esprit ; toutes les habiletés manuelles, administratives ou intellectuelles ; toutes les forces artistiques, financières ou scientifiques)..... tant honorer, dis-je, toutes les supériorités sociales que, d'elles-mêmes et comme à l'envi les unes des autres, elles emploient leur surplus de valeur personnelle à diriger les pensées, les gestes et les faits de tous ; vers une résultante nationale si belle, si utile et, surtout, si bonne *aux moins richement doués du moment*, que force leur soit de vénérer ceux que leur âge individuel, celui de leur famille, ou bien encore celui de leur profession leur permet de se choisir, comme chefs temporels ou spirituels.

Je dis leur âge individuel, celui de leur famille, ou bien encore celui de leur profession : parce que chaque génération, ayant ses besoins et son œuvre, doit, par cela même, être mieux guidée par les éminents de telle, telle ou telle catégorie que par ceux de telle, telle ou telle autre.

Messieurs, comme vous avez pu très-facilement vous en apercevoir, l'ébauche politico-sociale que nous vous proposons a, pour bases, la biologie, d'abord ; la sociologie, ensuite ; et la morale enfin.

La biologie, la sociologie et la morale ! C'est-à-dire, l'anatomie et la physiologie de l'être humain, destiné à vivre, agir et penser ; plus l'analyse et la synthèse (la statique et la dynamique) de l'organisme social, où il lui faudra s'acquitter de ces trois fonctions ; plus enfin la triple connaissance des rôles qu'il devra successivement (en tant que mineur, adulte et vieillard) jouer en ce milieu vivant lui-même, pour le quitter en donataire plutôt qu'en débiteur, en riche bienfaiteur plutôt qu'en pauvre obligé, en créateur providentiel plutôt qu'en humble créature.

Donc, s'il est faux que chacun de nous soit un animal entretenu, matériellement, par la plante viscérale, qu'il emporte partout, et gouverné, moralement, par ce que renferme la tête qui le surmonte ;..... s'il est faux que (pour être, agir et connaître, en ce monde), nous ayons trois systèmes nerveux (l'un végétatif, l'autre locomoteur et le troisième sensoriel) respectivement surmontés d'un ministère (plastico-ventriculaire) nous faisant des chairs avec des aliments, d'un ministère (péricerebello-équilibreur) nous faisant des mouvements avec des impulsions, et d'un ministère (cortico-cérébello-mental) nous faisant des résolutions avec des impressions ;..... s'il est faux que, dans ce dernier, il y ait (en arrière, au milieu et en avant) la région du sentiment, du vouloir et de l'intelligence, du cœur, du caractère et de l'esprit ;..... s'il est faux que dans la résolution de l'enfant (comme dans celle du nègre, qui n'en sait pas plus long que lui, ou dans celle de l'ouvrier, qui a manqué de loisirs pour beaucoup apprendre) la passion ne tienne pas plus de place que la persévérance ou le savoir ; autrement dit, si, pendant le travail eucéphalique de l'être humain, encore tout naïf, la région postéro-sentimentale du cerveau n'est pas plus congestionnée que la moyenne ou que l'antérieure ;..... si.....

Notre vénérable président me fait, aussi judicieusement qu'amicalement, observer que je sors de mon sujet, en entamant une justification..... beaucoup trop paternelle.....

Le Picopo de Korororéka, interrompant—.... et surtout beaucoup trop scientifique.

Maitre A + B, reprenant la parole.—En conséquence, je nai plus qu'une chose à faire : vous remercier de ne m'avoir jamais interrompu, durant le cours de cette longue exposition.

Donc, adieu, et fasse l'humanité que nous nous retrouvions bientôt, en des temps meilleurs !

NOTES ET PIÈCES JUSTIFICATIVES.

I.

L'esprit dépend si fort du tempérament et de la disposition des organes du corps que, s'il est possible de trouver quelque moyen qui rende communément les hommes plus sages et plus habiles qu'ils n'ont été jusqu'ici, c'est dans la médecine qu'il faut le chercher.

DESCARTES (Méditations.)

II.

Dʳ GUÉNEAU DE MUSSY.

Considérations sur la médecine sociale.

La chlorose, à différents degrés, se montra, comme nous l'avons dit en commençant, chez le plus grand nombre des habitants des grandes villes. On comprend que les médications pharmaceutiques soient insuffisantes pour un mal aussi profond et général.

Aux yeux de l'observateur, la chlorose se présente comme une maladie des races ; elle témoigne de leur altération, et est pour ainsi dire l'avant-garde de toutes ces affections cachectiques qui les envahissent et qui les détruisent. La médecine individuelle doit ici céder le pas à une autre médecine qui n'est encore qu'à l'état d'ébauche, mais dont on entrevoit la place dominatrice dans l'avenir : je veux parler de la médecine sociale, c'est-à-dire de celle qui, par des institutions hygiéniques bien entendues, combattra les affections radicales de notre espèce en plaçant ces institutions sous la sanction des lois.

Le principe de l'hygiène sociale existe déjà dans la police sanitaire ; il ne s'agit que d'en développer, d'en relever et d'en étendre les applications. Permettez-moi de profiter de cette occasion pour vous en faire entrevoir quelques horizons.

En traitant des causes de la phthisie, j'ai déjà touché à cette question de l'hygiène sociale ; j'ai montré la part trop inégale au développement physique dans notre système actuel d'éducation. J'ai parlé de l'insalubrité des habitations rurales, souvent entourées d'émanations putrides, mal asséchées mal éclairées, qui fomentent la scrofule dans les contrées les plus salubres ; j'ai parlé de ces eaux rendues malsaines par leurs usages industriels ou par des résidus organiques qui abreuvent une partie de la population ; j'ai signalé l'empoisonnement du sol des villes par les infiltrations hydrocarburées des conduites de gaz.

Ajsutez à cela deux habitudes sociales destructives dont j'ai le droit, comme médecin et comme philosophe, d'observer les effets. L'une a déjà été combattue par les lois à la répression desquelles elle échappe trop souvent, et qui sont demeurées inefficaces, c'est le travail prématuré des enfants dans les manufactures, détestable abus qui viole tous les instincts de la nature et condamne ses malheureuses victimes à la dégradation physique et à la déchéance morale en empêchant le développement du corps et celui de l'esprit.

L'autre qui, au contraire, a été jusqu'ici consacrée par la législation, mais dont je puis discuter l'opportunité, puisque la législation en a dernièrement ordonné la révision, je veux parler de la conscription militaire.

Au point de vue de la médecine sociale, le seul que je veuille examiner ici, cette conscription, comme je ne cesse de vous le répéter depuis vingt ans, est une des plus puissantes causes de la détérioration de notre race ; elle écrème la population, choisit les plus forts et les plus sains, et qu'en fait-elle ? Un grand nombre, depuis quatre-vingts ans, ont péri sur les champs de bataille, et au point de vue de la race, ce sont en général les mieux constitués physiquement et moralement, qui ont le plus d'énergie et de hardiesse, qui par conséquent paient le plus large tribut à la mitraille. Les maladies épidémiques et contagieuses trouvent dans ces grandes agglomérations d'hommes une moisson toute préparée et y font de très-nombreuses victimes. Les fatigues de la vie militaire, les excès qui en sont la conséquence presque inévitable font que, dans cette population d'élite, les maladies cachectiques, la tuberculose en tête, font plus de ravages que dans le reste de la population, qui compte cependant dans son sein tous les rebuts de la conscription. Enfin il est une maladie dont on ne peut jamais savoir à quelle profondeur elle est enracinée dans la constitution, qui disparaît souvent de la surface, laissant dans le sein de l'organisme des modifications intimes et insaisissables, et qui, alors même qu'elle respecte la vie individuelle, atteint trop souvent les sources de la race, en empoisonne le germe d'une manière directe ou indirecte par action spécifique ou détérioration.

Combien souvent ne voit-on pas des pères, délivrés en apparence de ses atteintes, n'en présentant plus aucune manifestation appréciable, guéris pour le médecin, et qui procréent de femmes saines des enfants scrofuleux ou tuberculeux? Et quand on pense au nombre très-considérable de militaires qui contractent la syphilis au milieu de l'oisiveté de la vie de garnison, et qui ne la traitent pas toujours méthodiquement, on comprend quel puissant auxiliaire trouvent dans la conscription la scrofule et la tuberculose, ces deux grands destructeurs de notre espèce.

La conscription rend plus tardive pour les prolétaires l'époque du mariage, que la cupidité dans les classes aisées recule bien au délà des limites indiquées par la nature. De là le libertinage, de là l'altération de l'espèce, résultat presque fatal de la tardivité des unions. Notre race est la moins productrice de l'Europe civilisée, et peut être celle à laquelle la jeunesse contribue pour une moindre part. Combien de gens se marient après avoir dépensé leur santé et leur cœur au milieu des entraînements du célibat ! Le malthusianisme, devenu une habitude, se continue dans le mariage ; la cupidité et un faux calcul économique le propagent dans les campagnes ; la conscription contribue à le répandre. Un paysan qui a un fils et assez d'argent pour le *rachcter*, craint d'en avoir un autre; les enfants ne sont le plus souvent que des surprises arrachées à l'onanisme conjugal, et un organe habitué à fonctionner contrairement à ses lois primordiales, en général fonctionne moins bien ; j'ai peine à croire que la race n'ait pas à en souffrir. Comparez notre race, née dans ces conditions et fruit de mariages tardifs, à cette belle race américaine qui porte sur le front comme l'empreinte de la jeunesse. La jeunesse est belle et forte ; elle donne à ses produits la force et la beauté. Notre race, hélas ! a trop souvent, avant l'âge, les signes de la décrépitude et les penchants de la vieillesse.

Toutes les causes de détérioration et de destruction que je viens d'énumérer sont si nombreuses et si activement funestes, qu'elles nous font admirer la vitalité de notre espèce.

Nous devons y ajouter encore ces poisons que l'humanité s'admi-

nistre avec tant d'unanimité et de constance ! En première ligne
vient l'alcool, dont l'usage est presque universel, l'alcool qui produit
tant de troubles d'innervation, trop souvent même une mort rapide;
dans tous les cas, quand il est pris en excès, il altère molécule à mo·
lécule la trame des tissus, et détermine une sénilité prématurée.

Deux autres poisons se partagent le monde. Depuis l'extrême
Asie jusqu'à la Turquie règne l'opium, tyran meurtrier. Le chef
d'un grand empire ayant essayé d'en restreindre les ravages, l'Occident lui a fait la guerre pour maintenir le droit lucratif d'empoison-
ner ses sujets,

Le reste du monde appartient au tabac ; les désastres qu'il cause,
pour être moins saillants, ne sont pas moins réels.

Quel étrange spectacle que celui de l'humanité tout entière esclave
de ces habitudes propagées par l'imitation, entretenues par la routine ! Pour les acquérir il faut souvent surmonter des répugnances
et des malaises qu'on accepterait moins facilement peut-être dans
la poursuite d'un but utile. Serait on bien loin de la vérité si on
considérait ces habitudes comme des vésanies !

Voilà le tableau bien affaibli des conditions qui détériorent notre
race. Le remède est l'instruction d'abord, car l ignorance et la
paresse ouvrent la porte à toutes les erreurs et à tous les préjugés ;
ensuite c'est l'extensiou donnée aux règlements d'hygiène publique.

Ne pourrait-on point, par exemple, substituer aux tanières infectes
dans lesquelles languit un si grand nombre d'êtres humains, des
habitations plus saines, mieux orientées, mieux disposées, ouvertes à
l'air et au soleil ? et dans cette circonstance, la loi ne peut-elle pas
intervenir plus efficacement qu'elle ne le fait.

A l'usage des poisons il faudrait opposer l'instruction, les encou-
ragements et les conseils répandus par de grandes associations comme
celles qui existent en Amérique, et surtout l'exemple donné par
nous qui devons être les apôtres de l'hygiène Par notre position, qui
nous met en rapport avec toutes les classes de la société, si nous
savons maintenir notre caractère à la hauteur de notre mission,
nous pouvons conquérir une influence considérable. Toutes les fois
que nous essaierons de combattre un préjugé fortifié par la routine, il
faut nous attendre à nous heurter contre des oppositions intéressées
ou des dédains irréfléchis ; mais ces obstacles ne doivent pas nous
empêcher de répandre autour de nous les idées que nous croyons
vraies et utiles, que l'observation et la réflexion nous ont révélées.
Celles mêmes qui sont les plus opposées aux opinions et aux coutumes régnantes, si elles sont fondées sur la vérité, trouveront leur

heure; elles rencontreront leur saison et leur terrain favorables. En attendant semons-les ! Quelque humble que soit notre position, nous avons toujours une sphère d'action morale où nos convictions trouveront des échos.

Pour ma part, voilà plus de vingt années que je soulève dans mon enseignement ces questions d'hygiène sociale, que je combats ces institutions et ces habitudes destructives, sans aucune illusion sur la portée de mes faibles efforts. Mais j'espère que, si elles sont justes, ces idées rencontreront un jour des interprètes plus autorisés et plus puissants qui les feront mieux valoir.

III.

TABLEAU DES DIX-SEPT INTENDANCES FRANÇAISES.

1re PARIS.......... Seine, Seine-et-Oise.

2e MARSEILLE..... Basses-Alpes, Vaucluse, Gard, Bouches-du Rhône, Var.

3e LYON.......... Rhône, Ain, Isère, Hautes-Alpes, Drôme.

4e BORDEAUX...... Lot, Dordogne, Gironde, Lot-et-Garonne, Landes, Basses-Pyrénées.

5e ROUEN......... Eure, Seine-Inférieure, Calvados, Orne, Manche.

6e NANTES....... Ille-et-Vilaine, Loire-Inférieure, Morbihan, Côtes-du Nord, Finistère.

7e TOULOUSE...... Tarn-et-Garonne, Gers, Haute-Garonne, Hautes-Pyrénées, Ariége.

8e LILLE......... Oise, Somme, Aisne, Pas-de-Calais, Nord.

9e STRASBOURG.... Meuse, Moselle, Meurthe, Vosges, Haut-Rhin, Bas-Rhin.

10e REIMS......... Seine-et-Marne, Aube, Marne, Haute-Marne, Ardennes.

11e ORLÉANS....... Eure-et-Loir, Loiret, Loir-et-Cher, Cher, Indre.

12e ANGERS........ Sarthe, Mayenne, Maine-et-Loire, Indre-et-Loire.

13e Montpellier... Aveyron, Tarn, Hérault, Aude, Pyrénées Orientales.

14e Limoges....... Nièvre, Allier, Creuze, Haute-Vienne, Corrèze.

15e Clermont...... Loire, Ardèche, Puy-de-Dôme, Cantal, Haute-Loire, Lozère.

16e Dijon......... Yonne, Côte-d'Or, Saône-et-Loire, Jura, Doubs, Haute-Saône.

17e Rochefort..... Vienne, Deux-Sèvres, Vendée, Charente-Inférieure.

Auguste Comte.
(*Système de politique positive*).

IV.

Les personnes que n'aurait pas édifié ce que je dis sur les Bourbons de France, à propos du droit divin, pourront consulter avec fruit l'ouvrage intitulé : *la Médecine à travers les Siècles*, par le Dr J. M. Guardia.

V.

La durée du mandat conventionnel doit-être de 5 ans.

SORTE DE RÉSUMÉ FORMANT TABLE DES MATIÈRES.

—

Paris — Typ. de E. Briere, 257, rue Saint-Honoré.